OHSAMA BUNKO

日本史ミステリー

博学面白倶楽部

三笠書房

はじめに……「史実」の裏の〝真の日本史〟をあぶり出す本

誰もが教科書で学び、一通り知っているつもりの日本史。

しかし、そうした「史実」からひとたび脇道にそれてみると、そこには多くの「謎」「伝説」「知られざるエピソード」が横たわっている。

たとえば――

「あの大事件の裏では、黒い陰謀が働いていたらしい」

「死んだとされているあの武将が、生き延びていたという言い伝えが……」

「あの悲運のミカドは、怨霊になって、今も日本を呪っている」

「〝名城〟と名高いが、あの城では夜ごと、怪奇現象が起こるとか」

「あの事件、公《おおやけ》ではああいうことになっているが、真実はそうではなく……」

こうした話は、いわゆる**正統な「歴史書」には記されることなく、人から人へ、ひそかに、しかし絶えることなく語り継がれてきた。**

その中には、目をみはるべき真実味を帯びているものから、歴史の〝闇〟をあぶり出したもの、またにわかには信じがたいものまでが混ざっている。

どこまでが本当で、どこからが創作か——それらは渦巻く**「歴史ミステリー」**となって、現代を生きる我々に疑問を投げかけている。

ただ確かなのは、そうした話が、人々の心を強く揺さぶったからこそ、現在にいたるまで長く語り継がれてきたということだ。

広く知られている「史実」だけが日本史ではない。

こうした「謎」や「伝説」をひもといてこそ、真の日本人の心、真の日本史が見えてくる。

教科書が教えてくれない〝もうひとつの日本史〟を、ご堪能いただこう。

博学面白倶楽部

もくじ

第1章

語り継がれる、「歴史ロマン」あふれる伝説

第2章

「もし、本当だったら……！」あの有名人物の〝その後〟の伝説

第3章

激動の瞬間——光と影が入り交じる伝説

第4章

歴史の転換点で起こった、「奇跡」の伝説

第5章

背筋も凍る……今なお消えない「呪い」の伝説

第6章
とんでもない能力を持った「超人」にまつわる伝説

本文デザイン・DTP
伊藤知広（美創）

写真提供
大妻女子大学総合情報センター／三好市教育委員会文化財課／阿佐家／国立国会図書館／斑鳩寺／水戸市教育委員会埋蔵文化財センター／上京区役所地域力推進室／遊行寺宝物館／恵那市観光協会岩村支部

第1章

語り継がれる、「歴史ロマン」あふれる伝説

西南戦争で政府軍に敗れ、自害

幕末の英雄・西郷隆盛――死後も囁かれた〝不気味な噂〟

西郷隆盛は、明治維新の立役者の一人である。

しかし、明治六（一八七三）年、明治政府内で征韓論を唱えて政争に敗れ下野《げや》すると、明治十（一八七七）年、故郷の鹿児島で設立した私学校《しがっこう》の生徒たちを率いて西南《せいなん》戦争を起こした。結果は政府軍に惨敗。熊本城の戦いに敗れて以降、撤退を繰り返して故郷の鹿児島へと至り、同地の城山《しろやま》で自害した。これが西郷隆盛の最期とされる。

ところが、西郷の自害によって西南戦争が終結したのちも**「西郷は生きている」**という噂が絶えず、彼の生存を信ずる者も多かった。というのも、回収された西郷の遺体の確認があまりに不完全なものであったからだ。

西郷は自らの最期を悟ったとき、別府晋介《べっぷしんすけ》に命じて首を落とさせたといわれる。介《かい》錯《しゃく》後、その首は土中に埋められた。

のちに政府軍が土中から掘り起こしたものの、最後まで西郷に付き従った者が皆戦死してしまったため、彼の自害を目にした者がおらず、西郷の首と断定することができなかった。

しかも西郷を撮影した写真が一枚もないため、その顔を知る者は限られていた。このように西郷の自害後の身元確認は、はなはだ怪しかったといえる。

◆大津事件を引き起こした西郷生存説

こうした不確定要素が、突飛な西郷伝説を生み出す。西南戦争以後、西郷生存説は巷《ちまた》で囁《ささや》かれていたが、なんと西郷が外国へ逃亡したとの説が大流行したのである。

『西南珍聞 俗称西郷星之図』(梅堂国政画)。西南戦争後、火星の接近に伴い、星のなかに西郷の姿を見たという噂が流布し、「西郷星」と呼ばれた

朝鮮半島へ渡った、インドで身を隠しているなど、さまざまな憶測が乱れ飛ぶなか、とりわけまことしやかに囁かれたのがロシアへの逃亡説だっ

た。

この説がにわかに現実味を帯びてきたのが、明治二十四（一八九一）年のロシア皇太子ニコライの来日であった。

連日のように、**「生き延びた西郷が、ニコライとともに日本にやって来る」「西郷はロシアの軍艦に乗ってやって来る」**と話題になった。また、西郷は明治十九（一八八六）年に消息を絶った軍艦「畝傍《うねび》」を引き連れて来るともいわれた。

そんな折、ニコライ来日中に起きたのが大津事件である。これは、琵琶湖を周遊していたニコライが大津市（滋賀県）を通ったとき、警備の任についていた巡査・津田《つだ》三蔵《さんぞう》に斬りつけられ、重傷を負った事件である。

外交問題に発展しかねない大事件だったが、明治天皇自ら見舞いにかけつけたこともあり大事には至らなかった。

津田は西南戦争での武勲《ぶくん》により勲章を授与されていた人物だった。彼は、万一、ロシアに逃亡した**西郷がニコライとともに来日すれば、この勲章が取り上げられると考え、それを阻止するためにニコライを狙ったと供述した**という。

しかし、そののちも、日本に西郷が姿を現わすことはなかった。

秀吉亡き後の、家臣たちの「表」と「裏」

加藤清正が、熊本城に築いていた〝秘密の部屋〟とは

天下の名城として名高い熊本城は、肥後《ひご》の藩主となった加藤清正《かとうきよまさ》が茶臼山《ちゃうすやま》にあった古城の千葉城と隈本城《くまもとじょう》を取り込み、新しく築いた城である。

清正は築城の名手として知られ、徳川家康の命によって江戸城や名古屋城など多くの城の建築に携わった。なかでも熊本城は自らの居城であることから心血を注いだのだろう、外様《とざま》大名の城としては格別の規模を誇り、川を改修して外堀とし、反《そ》りのついた高石垣《たかいしがき》を巡らせるなど、難攻不落の大要塞となっている。

その本丸御殿の大広間、最奥というべき場所に、ひときわ格式の高い部屋がある。それが「昭君之間《しょうくんのま》」だ。

昭君とは古代中国の漢《かん》の宮廷に仕えていた美女・王昭君《おうしょうくん》のことで、匈奴《きょうど》の王のもとに嫁がせられ、はるか僻遠《へきえん》の地で漢を思いながら死んだという悲劇のヒロインである。昭君之間は十八畳で、ほかの部屋に比べて広さはないが、壁や襖《ふすま》には王昭君の姿が描かれている。これは清正が狩野《かのう》派の絵師たちをわざわざ上方《かみがた》から招いて絵筆を

ふるわせたものだという。

だが、王昭君の物語やその絵姿は、装飾とはいえ実戦向きの城にはいささか不似合いに思える。なぜ城の最奥に、このような贅沢で華美な部屋をつくったのだろうか。

◆豊臣家への忠義を貫こうとした清正

この部屋は、**清正が豊臣秀頼《ひでより》を迎え入れるためにつくった**という言い伝えがある。

清正は、豊臣秀吉と同じ村の出身で、幼い頃から秀吉に仕えていた。常に秀吉のそばにあり、戦では勇猛さをいかんなく発揮して大名に取り立てられた。

だが秀吉の死後は時勢を見て徳川方に接近し、関ヶ原の戦いでは東軍につく。この功績によって肥後一国を領有することとなったわけだが、心のなかでは豊臣家への忠義を変わることなく抱き続けていたという。

そのため秀吉の遺児である秀頼の将来を案じ、徳川家が豊臣家を滅ぼそうとした際には熊本城に秀頼を迎え入れ、いざとなったら秀頼を立てて徳川家と一戦交えようと考えていた可能性がある。

その証拠が昭君之間である。

この部屋は秀頼をかくまうための部屋で、「昭君之間」には「将軍の間」という意

堅牢な守りを誇る熊本城

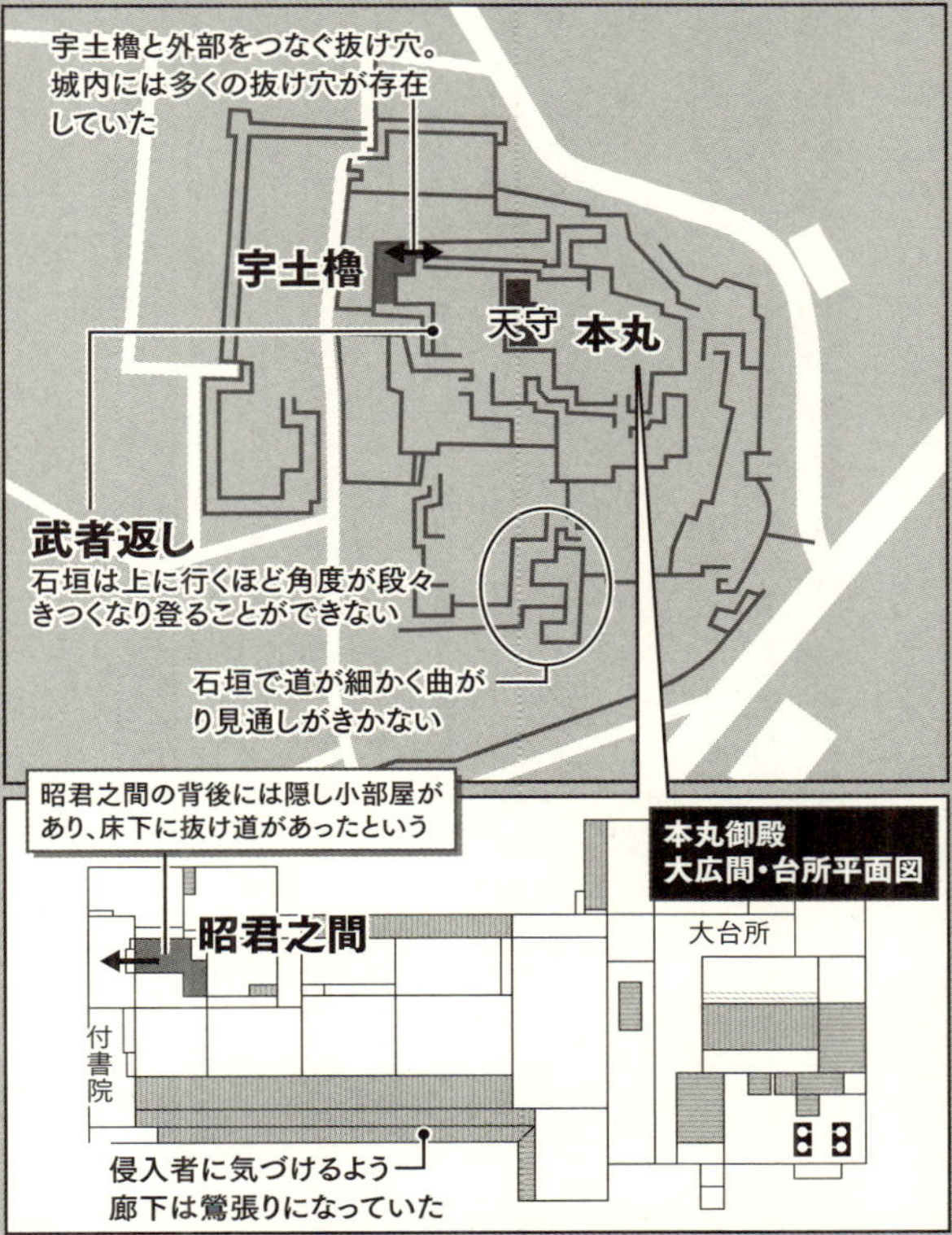

秀頼を迎え入れたときのため、本丸御殿に設けられていた昭君之間を中心に、敵襲へのさまざまな備えが施されていた

味を込めたとされる。

この部屋に至る廊下は、どんなに静かに歩いても音が響く鶯張《うぐいすば》りになっており、近づく者がいると察知できたという。

驚くべきことに、抜け道も用意されていた。そのルートは、昭君之間の後ろにある隠し小部屋の床下から、綱にすがって地下に降り、大天守の下にある石門に出る。そこから普段は開かずの門とされている不浄門《ふじょうもん》を通って小豆坂《あずきざか》を抜け、最も信頼できる清正の家臣団の侍屋敷へ至るものだったという。

これらは用心に用心を重ねた仕掛けであり、無論、昭君之間への出入りは禁じられ、その構造は固く秘せられていた。

清正は秀頼の身に何事もなく、豊臣家が存続することを願っており、慶長《けいちょう》十六（一六一一）年には京都二条城での家康と秀頼の会見を実現させている。このときも秀頼のそばを離れず、成り行きによっては家康を刺す覚悟で短刀を懐に隠し持っていたと伝えられるが、会見は無事に終わった。だが清正は肥後に戻ると間もなく死亡し、大坂冬の陣・夏の陣で、清正の願いも虚しく豊臣家は滅ぼされる。

熊本城の本丸は、明治十（一八七七）年の西南戦争で焼失。抜け道が本当にあったのかどうか、今となっては知ることができなくなってしまった。

平泉に散った悲劇の武将

源義経、大陸へ渡る！ その「北上ルート」を検証

源義経は、源氏の棟梁《とうりょう》たる兄頼朝《よりとも》のもとに参じて平家打倒に尽力し、天才的な戦術でついに平家を滅ぼした名将である。しかし、のちに兄に追われて平泉に逃れ、衣川《ころもがわ》にて自害に追い込まれた悲劇の武将でもある。

そうした悲劇性ゆえか多くの謎に彩られている義経だが、最大のミステリーといえば彼の生存伝説である。しかも、北上して大陸に渡り、果てはモンゴルのチンギス・ハンとなりモンゴル高原を統一したという大きなロマンあふれる北行伝説なのである。

チンギス・ハンの前半生もほとんどが謎に包まれているため、そのときに源義経として過ごしていたと考えれば辻褄《つじつま》は合うのだが、義経の後身がモンゴル人のチンギス・ハンだというのはあまりにも話が飛びすぎているのではなかろうか。

まずは義経の最期を振り返ってみよう。

兄に追われた義経は奥州の藤原秀衡《ふじわらのひでひら》を頼って東北へと逃げ込んだ。その領地平泉に

潜伏するが、秀衡の死後、その子・泰衡《やすひら》は鎌倉幕府からの圧力に屈し、義経の居館を攻撃。義経は妻子とともに自刃したと伝えられる。

ところが文治《ぶんじ》五（一一八九）年閏《うるう》四月三十日に討たれた義経の首が、鎌倉に届いたのは五月二十二日。つまり一カ月近くかけて、しかも初夏の気温の高い時期に鎌倉へ送られてきたわけで、これでは、首が傷んで判別などできようはずもない。そこから替え玉説が浮上したのだ。

江戸時代の学者・新井白石《あらいはくせき》は、首が腐敗して判別が難しくなるようにわざと日数をかけて鎌倉へ送ったと推測している。さらに、江戸末期に来日したシーボルトが、義経＝チンギス・ハン説を提唱した。

◆義経の北上した道から浮かび上がる真実

いつしか東北各地には義経とその主従の動向にまつわる伝説が、まことしやかに伝えられるようになる。

ただし、ここまでなら、身分の高い人物が各地を流浪して逸話を残したという話のひとつに過ぎない。しかし、義経に限っては、**岩手の弁慶《べんけい》屋敷跡、青森の義経寺《ぎけいじ》、義経がもてなしに感謝して風呂の姓を与えたという岩手の風呂家**など、岩手から青森、

義経北行伝説の代表的なルート

義経にまつわる伝承や地名が残る土地は多いが、それらを結んでいくと、ひとつの道筋が浮かび上がってくる

北海道にかけて義経ゆかりの名所が数多く残されている。

しかもこれらの伝説の地をたどっていくと、東稲山《たばしね》を越えて、遠野、釜石、宮古、久慈《くじ》、八戸と北上し、**津軽半島から船で北海道へ渡るという一本のルート**ができ上がるのだ。こうした例はかなり珍しい。

しかも大陸側にもその足跡が残されていた。義経は竜飛岬《たっぴみさき》、もしくは北海道から大陸へ渡ったとされるが、現在のロシア領のナホトカには源氏の紋、笹竜胆《ささりんどう》に酷似する紋章があしらわれた四百年以上前の建物が発見されている。

さらにウラジオストックの東北にあるスーチャンでは、**「昔、日本の武将がこの地に城を築き、のちに中国に攻め入り大王になった」という伝説**もあるという。

義経はナホトカからウラジオストック、そしてモンゴル高原へと進み、チンギス・ハンとして歴史の表舞台に再登場したのではなかろうか。

ただしチンギス・ハンが部族を統一したのは文治五（一一八九）年。義経が衣川で自害したとされる年でもある。そのため年代が合わないという意見もあるが、もしその一年前にすでに平泉を脱出していたとすれば、義経ならば大陸で遊牧民となり天才的な軍略で部族を早急にまとめあげることができたかもしれない。

源平期に散った天才武将にまつわるロマンは尽きない。

壇ノ浦の海に消えた一門

今なお続く奇習が伝える、平家の落人の秘密

元暦《げんりやく》二（一一八五）年の壇ノ浦の戦いで壊滅した平家の侍たちが、源氏方の追捕《ついぶ》を逃れて隠れ住んでいるという平家の落人《おちゆうど》伝説は、岩手県陸前高田市小友町の蛇ヶ崎《じやがさき》や、宮崎県の椎葉村《しいばそん》、熊本県の五家荘《ごかのしょう》など、全国各地に残っており、その数は百以上といわれている。

こうした伝説が残るのは主に山間部や海岸地帯、離島などの僻地《へきち》である。そのため、名族の系譜に村を連ねることで、土地の人々が日々のつらい暮らしの支えとするために生まれたとの説もあるが、一方で、落人村ならではと思える独特の風習が残っている地もあり、もしかしたらと思わせる。

そのひとつの例が、栃木県の湯西川《ゆにしがわ》の落人の里では、端午の節句でも、決して鯉のぼりを立てないというもの。というのも、次のような言い伝えがあるからだ。

湯西川の落人は、かつては湯西川ではなく鶏頂山《けいちょうざん》に住んでいた。このとき、男の子の赤ちゃんが産まれた。ひっそりとした生活のなかでの慶事である。喜んだ親が鯉の

ぼりを立てたところ、それが追手の源氏に見つかってしまい、命からがら逃走して、なんとか湯西川へ落ち着いたのだという。

あるいは、平家に同情して、彼らを助けた人々もいたようだ。たとえば、三重県伊勢市矢持町の久昌寺《きゆうしようじ》には、ここに逃げ延びてきたという平知盛《たいらのとももり》とその子孫を慰霊する五重塔が残されており、寺の近くにある洞窟には、住民の協力で落人たちの家族がかくまわれていたといわれている。

平知盛は清盛の四男で、知将として知られる。壇ノ浦の戦いに際して勝敗が決すると、「見るべき程のことをば見つ。今はただ自害せん」と言い残し、錨《いかり》を抱えて海中に沈んだとされる人物である。

また同じ三重県の志摩市と鳥羽市の市境にある福寿寺《ふくじゆじ》には、平家の旗とされる、赤地に二匹のアゲハ蝶が描かれた旗が大切に残されている。どのようないきさつで寺に保管されていたのかは定かではないが、寺が落人たちを哀れと思い、彼らを支援したのではないかと推測できる。

◆平家一門が生み出した「芸能」が今も伝わる

一方、縁もゆかりもない見知らぬ土地へ逃げてきた平家のほうでも、地元の住民に

平家の落人伝説が残る主な地

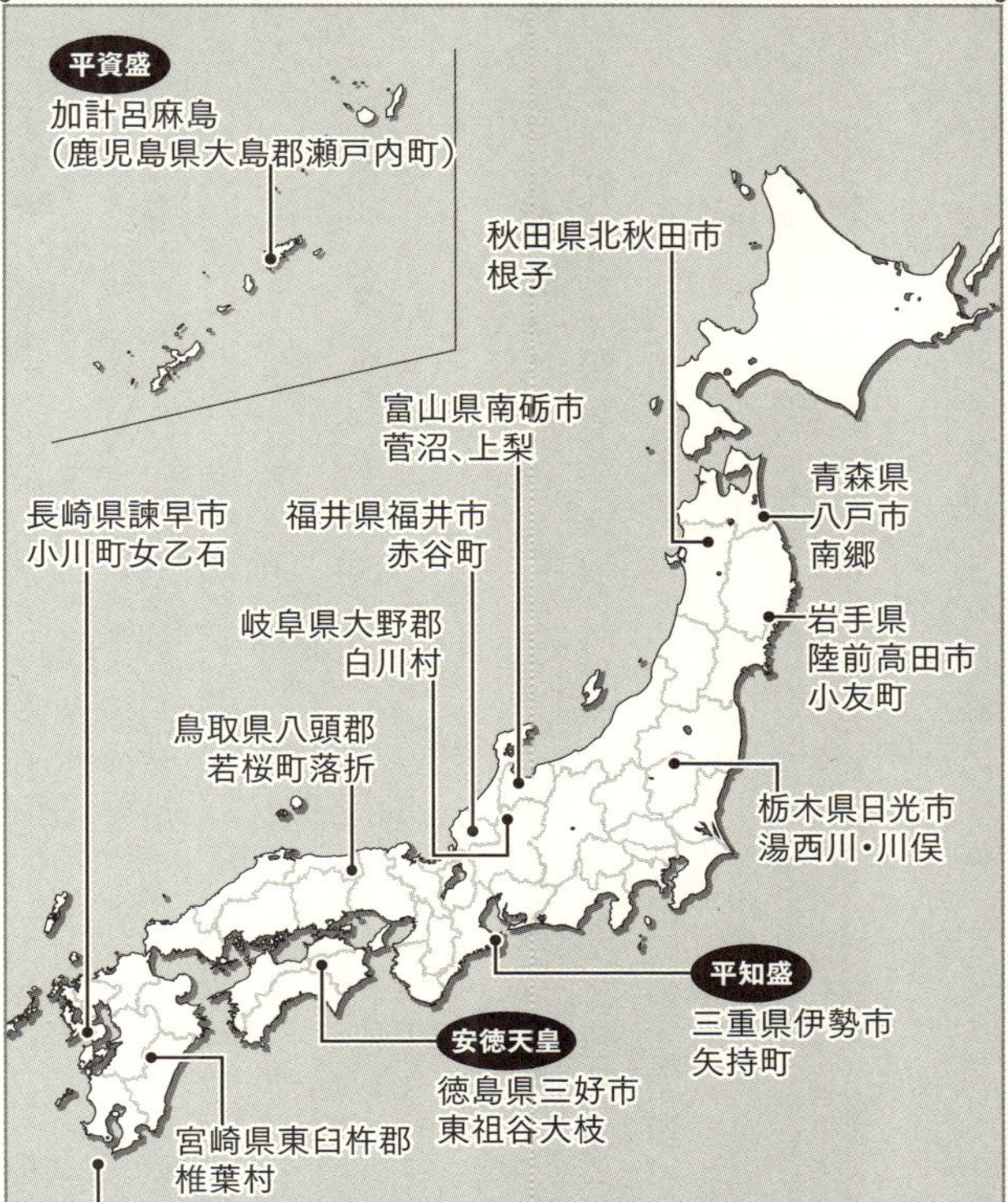

落ち延びた平家の落人たちは、山奥など人目につかないところに里を築いたといわれる

平知盛の亡霊を描いた浮世絵。平家一門の武将には、生存説だけでなく怨霊伝説も多く残る

溶け込もうと努力したと考えられる。

その一例が、平清盛の嫡男《ちゃくなん》である平重盛《しげもり》の次男・資盛《すけもり》にまつわる落人伝説である。彼は壇ノ浦の敗戦後、安徳《あんとく》天皇をともなって九州東岸を南下。志布志湾《しぶしわん》の大《おお》泊《どまり》を経て、種子島、鬼界ヶ島《きかいがしま》、奄美群島などにその足跡を伝えている。とくに奄美群島のひとつ加計呂麻島《かけろまじま》に伝わる**「諸鈍《しょどん》シバヤ」**は、ユニークな面をつけ、陣笠風の笠をかぶり、囃子《はやし》と三味線の音楽に合わせて踊る芸能で、国の重要無形民俗文化財に指定されている。

これは、**加計呂麻島まで逃げてきた平資盛一行が、地元の人々と交流を深めようと始めたもの**と伝えられ、踊りだけでなく即興的な狂言や人形劇なども含む完成度の高い芸能になっている。

平家一門は、全国に確かな足跡を残して、歴史のなかに姿を消していったのである。

平家の滅亡と運命を共にした

悲劇の幼帝・安徳天皇は、波の下の都に沈んでいなかった!?

源氏と平家一門の争いに翻弄され、わずか八歳で海中に消えた悲劇の天皇・安徳《あんとく》天皇。高倉《たかくら》天皇を父とし、平清盛の娘・徳子《とくこ》を母とする平家ゆかりの天皇である。平安時代の藤原氏のように、平清盛は天皇の外戚《がいせき》となることで実権を握っていた。

しかし、父の高倉天皇、祖父の平清盛が亡くなると、時勢は源氏方に傾き、後白河《ごしらかわ》法皇は源氏に対して、平家討伐の院宣《いんぜん》を出すに至る。安徳天皇も平家一門とともに西へと逃げていった。

そして元暦二（一一八五）年、源氏によって関門海峡まで追い詰められた平家は、壇ノ浦の戦いでついに滅亡のときを迎える。

このとき、安徳天皇は祖母の二位尼《にいのあま》（時子《ときこ》）とともに御座船に乗っていたが、敗戦が決定的となると、三種の神器のひとつである草薙《くさなぎ》の剣とともに二位尼に抱えられて壇ノ浦の海へと沈んでいった。

戦後、源氏は海中をくまなく捜索したが、神剣も、安徳天皇や時子の遺体も見つか

らなかった。この話が広まると、いつしか「実は安徳天皇は、ひそかに生きておられるのでは？」との伝説が囁かれるようになっていった。

◆落ち延びて命をつないだ、安徳天皇の足跡

では、安徳天皇はどのようにして生き延びたのだろうか？

伝説によると、その消息は大きく二つに分かれる。ひとつは入水《じゅすい》前、すでに安徳天皇は身代わりと入れ替わっていたというものである。

一説には、身代わりとなったのは弟の守貞親王《もりさだしんのう》で、安徳天皇とは一歳しか年が違わず顔もよく似ていたといわれる。

もうひとつは、実際に海に飛び込んだが、運よく助かり、源氏の目を逃れて落ち延びたというものだ。実際、**安徳天皇が秘密裏《り》に落ち延びたという話は多く、安徳天皇の御陵墓《ごりょうぼ》とされる場所が全国に十七カ所も伝わっている。しかもこのうち五つは、宮内庁によって正式に「安徳天皇御陵墓参考地」に指定されている。**

また、平家の落人伝説に関連して、そのなかには安徳天皇が伴われていたというものもある。たとえば、徳島県東祖谷《ひがしいや》の阿佐家には、「平家の赤旗」といわれる旗が残されている。そして、この赤旗には次のような「物部《もののべ》赤牛の伝説」が伝わっている。

初め、安徳天皇が落ち延びた先は高知県越知《おち》町で、平国盛《くにもり》に守られながらここに行《あん》宮《ぐう》（仮の御殿）を設けた。しかし、源氏の追手が迫ってきたのか、安徳天皇一行は、さらに行宮を山のなかに移したという。

ところが、山中では食料が乏しく、平家は大切にしていた五色錦赤旗を東祖谷の阿佐家に譲って食料と交換して、なんとか命をつないだのである。しかし、そのかいもむなしく安徳天皇は二十三歳で崩御《ほうぎょ》したそうだ。最後まで安徳天皇の生涯は過酷だったといえる。悲劇の生涯を送った幼帝に対する人々の憐憫《れんびん》の情が、こうした生存伝説を生み出したのかもしれない。

東祖谷の阿佐家に保管されている、平家の赤い本陣旗

幕末の徳川将軍家に降嫁

江戸城に輿入れした皇女・和宮は〝替え玉〟だった？

江戸時代末期の文久《ぶんきゅう》二（一八六二）年二月、江戸城において第十四代将軍家茂《いえもち》と、時の孝明《こうめい》天皇の異母妹にあたる皇女・和宮《かずのみや》の婚儀が行なわれた。

当時、朝廷と幕府の間には、幕府が朝廷の許可なく列強五カ国と修好通商条約を結んだことで大きな亀裂が入っていた。この緊張状態を打破するために公武合体が模索され、しかるべき皇女と将軍の縁組が計画されたのである。

そこで白羽の矢が立ったのが和宮だった。候補として孝明天皇の姉・敏宮《としのみや》、妹の和宮、娘の富貴宮《ふきのみや》の三人がいたが、話が持ち上がった万延《まんえん》元（一八六〇）年十月当時、敏宮は三十歳、富貴宮は生後三カ月とふさわしくなく、結局、十三歳の和宮が選ばれたのだ。

こうして文久元（一八六一）年十月二十日、和宮が江戸へと出発し、翌年に婚儀が成立。その後、家茂は慶応二（一八六六）年七月に二十一歳の若さで早世するが、戊《ぼ》辰《しん》戦争で東征軍が江戸に攻め寄せた際には、和宮は、第十三代将軍家定《いえさだ》の正室であった天璋院篤姫《てんしょういんあつひめ》とともに、江戸城総攻撃の回避や徳川家の存続に尽力したと伝えられている。

◆幕末に名主だった家の女性による〝衝撃の告白〟

しかし、家茂の元へと嫁いだ和宮は、実は替え玉だったという伝説がひそかに伝えられてきた。和宮は、江戸城へと向かう道中で立ち寄った板橋宿《いたばししゅく》で、この地の庄屋の娘と入れ替わったというのだ。

この説は、有吉佐和子氏の小説『和宮様御留《かずのみやさまおとめ》』（一九七八年）で広まったもので、有吉氏は、幕末に高田村（現東京都豊島区）の名主《なぬし》だったという新倉家の女性から、「**和宮様は、当家の蔵で縊死《いし》され、私の大叔母が身代わりになった**」という告白を受け、関心を持ったという。

そこで、さまざまな史料を調べてみると、奇妙なことがわかった。昭和三十四（一九五九）年から行なわれた、増上寺の徳川将軍家墓域発掘調査で和宮の遺骸を掘り出したところ、遺骨に左手首がなかったのである。

確かに、和宮の肖像画や塑像《そぞう》などを見ると、彼女は左手を隠しているので、左手首がなかった可能性はある。

しかし、彼女は京都にいた時代に、茶や琴などをたしなんでいたことがわかっている。

もし左手首がなかったとしたら、これらの稽古《けいこ》事はかなりの難事だっただろう。しかも、和宮は足が不自由だったといわれているのだが、見つかった遺骸からはそうした痕跡はまったく見られなかった。

また、**和宮の京都時代と江戸に下ってからの文書の筆跡が別人のように違う**など、替え玉説を裏付ける状況証拠がいくつも存在するのだ。

もともと和宮は、満五歳のときに有栖川宮熾仁親王《ありすがわのみやたるひと》と婚約していたし、関東は非常に野蛮な土地だと思っていたので、江戸に下ることを心底嫌がっていたという。孝明天皇も、そんな妹の心情を慮《おもんばか》り、一度は和宮降嫁を断わっていたのだ。しかし、当時の情勢から、どうしても公武合体の推進は急務であり、周囲の説得の結果、和宮は泣く泣く家茂のもとに嫁ぐことを承諾したのである。

ただ、和宮の遺骸には、当時の貴族の特徴である大腿骨《だいたいこつ》の内転があったという。これは、つま先を内側に向けて歩くよう教えられていることから出る特徴で、その遺骸が庶民のものとは考えられないという指摘もある。

和宮は、はたして替え玉だったのか？　真実は今も闇のなかである。

島原・天草の乱を率いて原城で玉砕

奇跡の少年・天草四郎には〝尊い血〟が流れていた？

寛永《かんえい》十四（一六三七）年秋、九州島原藩領有馬《ありま》村《むら》で発生した代官所襲撃の余波は、瞬く間に肥前《ひぜん》島原半島と、唐津藩領の肥後《ひご》天草《あまくさ》諸島へと拡大。領民三万七千が結集する大乱へと発展する。日本史上最大の一揆《いっき》とされる島原・天草の乱の勃発である。

この乱を主導したのは、わずか十五～十六歳の美少年・天草四《あまくさし》郎《ろう》である。彼は、重税に苦しむ農民たちのため、そしてキリスト教信仰のために、人々を従えて立ち上がったのである。人々はこのカリスマのもとに団結し、原城《はらじょう》に籠城《ろうじょう》すると、幕府側の降伏勧告を拒否して寛永十五（一六三八）年に全滅するまで、激しく抵抗を続けた。

一揆勢をこれほどまでに堅く結束させた天草四郎とは、いったい何者だったのか。わずか十六歳の少年に、なぜそれほどのカリスマ性が備わっていたのか。その謎に迫る糸口となるのが、四郎と一揆勢が神社仏閣に対して行なった狼藉《ろうぜき》である。

一揆勢は、僧侶や神主を異教徒だという理由で殺害したり、建物に放火を行なったりしていたのである。これらの過激な行動は、弾圧のなかでもひたむきに信仰を守ったという隠れキリシタンのイメージとは大きく異なる。そうしたなかで起こった島原・天草の乱には、別の意図があったという。

島原・天草の乱は、農民一揆や信仰一揆ではなく、豊臣家再興の目論《もくろ》みがあったという説を唱えたのが、作家の前川和彦氏である。

前川氏は著書『秀頼脱出―豊臣秀頼は九州で生存した』のなかで、長崎で、書名も著者もわからないある古い文献を入手し調べたところ、そこには「豊臣秀頼は大坂夏の陣で自決したのではなく、薩摩まで逃げ延び、ここで側室をめとって二人の男の子をもうけた。その次男（羽柴天四郎秀綱《はしばてんしろうひでつな》という）は、のちに島原の乱の総大将となった」と記してあったという。

この文献から前川氏は、**天草四郎とは秀頼の次男・秀綱のことで、実は、父の秀頼もこの乱に参加し、戦死したのではないか**という考えに至ったという。そう考えれば、年若い四郎に多くの者が命を懸けて従ったことも納得できるし、農民やキリシタンばかりの、いわゆる戦を知らない者たちの蜂起《ほうき》にもかかわらず、あれだけ藩兵をてこずらせたのも納得がいく……。

なぜ、たった一人の少年があれほどまでに慕われたのか。謎は深まるばかりである。

「一生不犯」を誓った越後の軍神

上杉謙信が女性だったことを示唆する〝いくつもの証拠〟

軍神、毘沙門天《びしゃもんてん》の化身を自称し、越後を統一して甲斐の武田信玄と川中島で五度にわたり激闘を繰り広げた上杉謙信。幾多の戦いに勝利し、高潔な人柄で知られたが、生涯女人と交わらない**「一生不犯《いっしょうふぼん》」**を貫いたことでも有名だ。

戦国武将たちにとって、政略結婚で同盟関係を結び、世継ぎをもうけて自分の血脈を残すのは重大な使命のひとつであったにもかかわらず、進んで女性との交わりを避け、子孫を残そうとしない謙信の行動は不可解でもある。

そこから浮上したのが、謙信が女性であったという説である。これは歴史作家の八切止夫《やぎりとめお》氏が唱えた説だが、「一生不犯」以外にもいくつかの根拠が挙げられている。

一般に謙信の死因は脳卒中といわれているが、『信長公記《しんちょうこうき》』などをもとに寛永《かんえい》年間に成立した史書『当代記《とうだいき》』では、死因を**「大虫」**としている。これは胸や腹が痛む病気、つまり更年期障害や婦人病であるという。

また謙信は、毎月十日か十一日に腹痛を理由に出陣を取りやめたことが多い。この周期的な腹痛は、女性の月経によるものだったのではないかと考えられる。

ほかにも、謙信には生前に描かれた肖像画がないこと、派手なデザインの衣装を好んでいたこと、当時謙信のことを「男も及ばぬ大力無双《たいりきむそう》」と謳《うた》った瞽女《ごぜ》歌も残されていることなどがあげられている。

このように謙信女性説の根拠はいくつかあるのだが、**女性を拒《こば》む一方、美少年を侍《はべ》らせるのは好き**で、近衛前久《このえさきひさ》が知恩寺《ちおんじ》の住職にあてた永禄《えいろく》二（一五五九）年の手紙には、「華奢《きゃしゃ》でか弱い美少年をおおぜい集めまして大酒を呑み、何度も夜を明かしております。弾正少弼《だんじょうしょうひつ》（上杉謙信のこと）は美少年好きと承りました」と記されている。

戦国期の衆道《しゅどう》（男色）は珍しくない。しかし、謙信がほかの武将と異なるのは気に入った美男を何人も養子にしていること。たとえば、北条氏からの人質という立場で謙信の養子となった上杉景虎《かげとら》は、関東一の美少年といわれた人物だ。

当時は兄弟でさえ争う時代である。他家からの養子を何人も取るというのは後々の家督《かとく》争いの火種となりかねない。実際に謙信の死後、景虎は、同じ養子の上杉景勝《かげかつ》と「謙信の後継の座」を巡って対立し、家中を二分する御館《おたて》の乱を起こしている。

こうした御家騒動の危険をはらみながらも、複数の養子が黙認されていたのは、謙信が女性であったためかもしれない。

豊臣家を滅ぼし、太平の世を築いた
徳川家康に囁かれる、大坂夏の陣での〝影武者〟説

慶長二十（一六一五）年、大坂夏の陣で豊臣家を滅ぼして戦乱の世に終止符を打った徳川家康は、その一年後、徳川家と江戸幕府の安泰を見届けるようにして没した。死因は鯛の天ぷらにあたったためといわれる。

ところが、家康の生涯には不可解な伝説がまとわりつく。**家康は影武者とすり替わった、つまりは途中から別人だった**という伝説である。有事の際に武将の身代わりとなる影武者の存在は知られるが、影武者自身が家康に成り替わっていた——そのようなことがありえるのだろうか。

その根拠のひとつとされるのが、堺の南宗寺《なんしゅうじ》だ。

家康は神格化され日光東照宮に祀られているが、この南宗寺は家康をひそかに埋葬した場所とされ、なんと**家康の墓**が伝わっている。しかも寺の瓦《かわら》には徳川家の葵《あおい》の紋があしらわれ、家康の子で二代将軍の秀忠と孫の三代将軍家光が詣でたという記録もあるという。これはいったい、どういうことなのだろうか。

大坂夏の陣の際、城の防備を失っていた豊臣方は、大坂城に攻め寄せた徳川方に野戦を挑んだ。なかでも真田《さなだ》信繁《のぶしげ》（幸村《ゆきむら》）は、家康の本陣に向けて数次にわたる猛烈な突撃によって、家康に死を覚悟させたといわれる。

史実では、家康は命からがら撤退に成功したとされているが、南宗寺の墓にまつわる伝説では、実は戦死していたという。逃走中に流れ弾に当たったとも、駕籠《かご》で逃げる途中で後藤又兵衛に遭遇し、槍で突かれたとも伝えられる。

徳川方としても、総大将が討たれたことを公にするわけにはいかない。そこで**家康を近くの南宗寺で埋葬し、影武者とすり替えた。そして一年後に、天ぷらの食べすぎによる病死という形で、影武者を毒殺した**というのである。

気になる影武者の正体は、僧侶・恵最《けいさい》ともいわれる。家康の双子とも異母兄弟ともされるが、記録の少ない謎の人物で、家康の死亡後、二代将軍の秀忠に頼まれ、よく似た彼が本物になりすましたのではないかという。

並木伸一郎氏の『戦国武将の都市伝説』によると、家康になりすました恵最は危篤《きとく》におちいった際、見舞いに訪れた伊達政宗に「**甥《おい》の秀忠をよろしく**」と言い残したという。息子ではなく甥。この一言に影武者の謎が秘められているのではなかろうか。

本物の家康が眠るともいわれる大阪府堺市の南宗寺

◆明治になって家康別人説が浮上

かくして徳川家の最大の秘密となった影武者説は、江戸時代を通じて秘匿されていた。

この説が初めて世に出たのは明治三十五（一九〇二）年である。東海地方の役人の村岡素一郎が『史疑徳川家康事蹟』で、家康別人説を提唱した。

ただしこの説では、**桶狭間《おけはざま》の戦いで今川家から独立した数年後に本物の家康は亡くなり、世良田《せらだ》二郎三郎《じろうさぶろう》元信《もとのぶ》という家康の親族（願人坊主《がんにんぼうず》とも）が家康にすり替わった**とある。

我々が知る徳川家康は、影武者たちがつくり上げた人物だったのだろうか。

無血開城した江戸城の金蔵は空っぽ

最後の勘定奉行に疑惑あり！「徳川埋蔵金」のゆくえ

幕末、上州《じょうしゅう》（現在の群馬県あたり）に徳川幕府御用金《ごようきん》が運ばれ、どこかに隠されているという徳川埋蔵金伝説がある。非常に有名な話で、テレビ番組がたびたび特集を組んで埋蔵金探しを行なっているので、ご存じの方は多いことだろう。

徳川埋蔵金伝説は、ただの伝説なのか、それとも、本当にどこかの山中に埋まっているのか？

その謎を解く鍵となる人物が小栗忠順《おぐりただまさ》である。

小栗忠順は、江戸幕府最後の勘定奉行《かんじょうぶぎょう》で、訪米使節や横須賀製鐵所建設などの功績が知られる。また小栗は幕府の強硬派としても知られ、慶応四（一八六八）年一月二日、鳥羽・伏見の戦いで幕府軍が敗れたときも、徹底抗戦を将軍慶喜《よしのぶ》に直訴した。慶喜が小栗を無視して立ち去ろうとすると、その裾をつかんで離さなかったともいわれている。その結果、小栗は勘定奉行の職を解かれてしまうのだ。

その後、小栗は「われ、領民とならん」と宣言し、一族郎党を引き連れて、知行地《ちぎょうち》

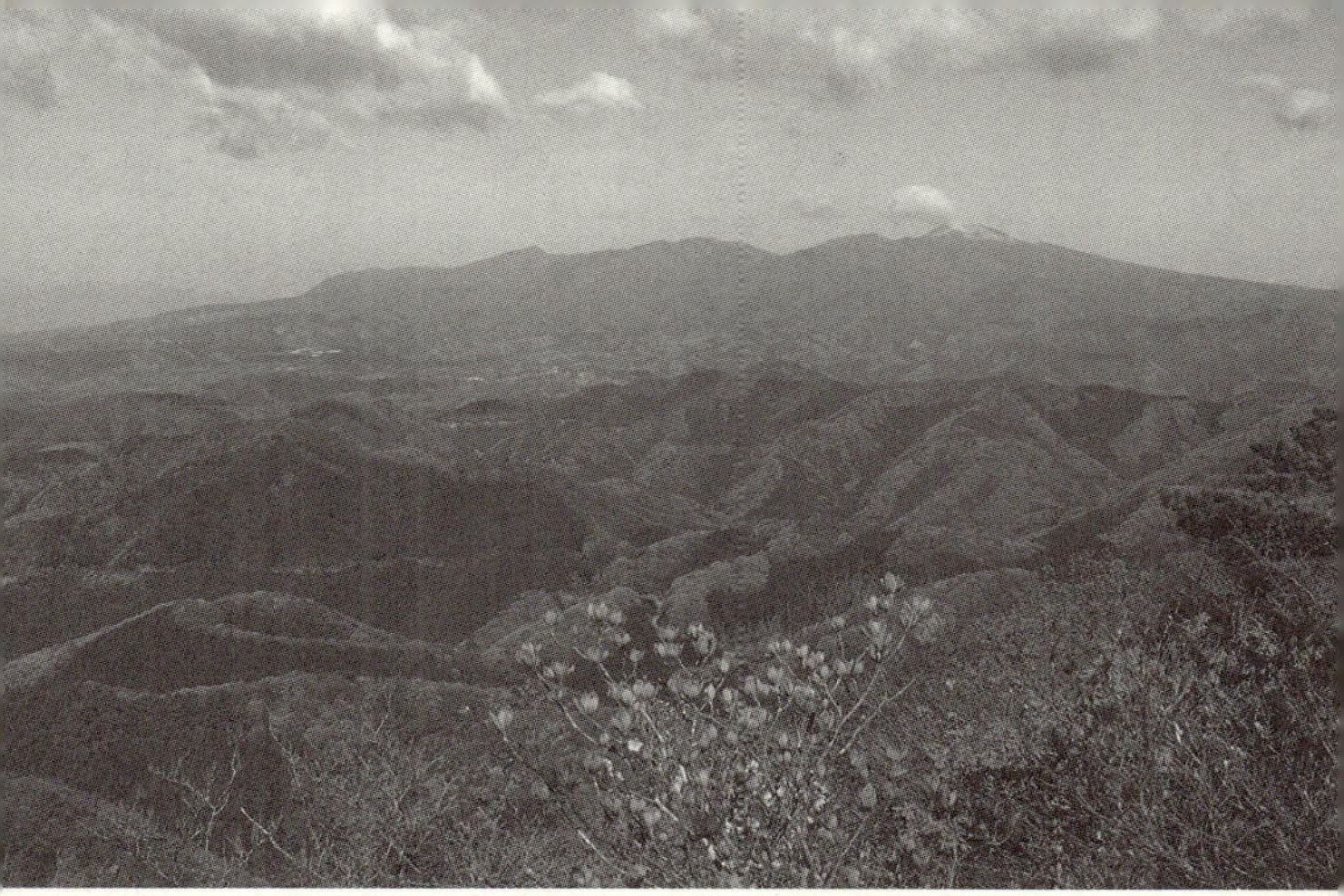

山麓に四百万両もの徳川家の軍資金が眠るという赤城山

である上州（上野国《こうずけの》）権田《ごんだ》村《むら》に戻った。現在の群馬県倉渕《くらぶち》村である。その後は、東善《とうぜん》寺《じ》の裏山を開拓したり、農業に必要な農舎や用水の手配をするなどして、第二の人生をスタートさせたのである。

◆御用金はどこへ消えたのか

実はこの**小栗こそが四百万両に及ぶ徳川家の軍資金を隠した張本人**だというのが、徳川埋蔵金伝説の発端だ。なぜそのような伝説が生まれたのかというと、彼が幕府の勘定奉行を務め、幕府財政をやりくりしていたこと、江戸城開城の際、官軍がいくら探しても本来あるべき徳川家の御用金がなく、御金蔵がからっぽだったこと、さらに、上州へ戻る小栗一行が長持《ながもち》や行李《こうり》、漬物樽など、膨大な荷物を運んでいたことなどに由来している。しかも、村に千両以上の金《きん》子《す》を寄贈していることから、小栗は莫大な財産を持っているはずだと考えられたのだ。こうした小栗の行動に加え、**江戸城開城の際、御用金の行方を聞かれた勝海舟が、「すべては小栗殿がご存じのはず」と言い逃れした**という話もあり、ますます小栗が御用金を持って逃げたという説が信じられるようになっていく。

やがて小栗は、幕府崩壊後、反逆を企てているとの疑いを官軍にかけられ、烏川のほとりで斬刑に処された。小栗が冤罪《えんざい》を主張しても、まったく聞き入れられなかったという。「小栗が徳川の御用金を上州に持ち帰り、その御用金を軍資金として官軍と一戦交えようとしている」と考えていたフシがある。

しかし、小栗の処刑後、彼の財産のなかに、目当ての財宝はなかった。とはいえ、江戸城から軍資金を持ち去った人物は小栗しか考えられない。**そこから、江戸城から権田村へと向かう途中のどこかに隠したのではないか**という伝説が根強く残ることになったのだ。

財宝が埋まっているとされる場所は、関東一円のかなり広い範囲に存在している。とくに赤城山麓は、小栗が上州帰還後に立ち寄っており、有力候補とされ、今なお埋蔵金を探して掘り続けているトレジャーハンターも存在する。

日本のポンペイ
一夜にして消えた「帰雲城」とともに眠る財宝

火山の爆発によって一昼夜にして火山灰に埋もれ、その姿を消してしまった古代ローマの都市遺跡・ポンペイをご存じの人は多いだろう。

しかし、日本にもポンペイ同様、一夜にして消えてしまった城と城下町があったことを知る人は少ない。

場所は岐阜県の白川《しらかわ》村。世界遺産にも登録され、合掌造《がっしょうづくり》の家々が連なる白川郷のある村と聞けば、多くの人がその風景を思い起こすだろう。その白川村の一角に、かつて帰雲城《かえりくもじょう》とその城下町があったという。

「あった」と断言できないのは、帰雲城とその城下町は、天正《てんしょう》十三（一五八五）年十一月二十九日の夜に起きた「天正大地震」によって、土砂に埋まってしまったからだ。

この地震はマグニチュード八・二ともいわれ、帰雲城と庄川《しょうがわ》を挟んだ東側にそびえる帰雲山が崩壊。膨大な量の土砂が庄川を超えて帰雲城と城下町を一気に埋めつくし、

時の城主内ヶ島兵庫頭氏理《うちがしまひょうごのかみうじまさ》以下、一族・家臣と、城下三百余軒、推定五百人あまり（千五百人とも）が一瞬で全滅するという大惨事となったのである。土砂は庄川の流れをもせき止め、大きな天然ダムができるほどであったという。

現在、白川村の保木脇《ほきわき》地区を走る国道一五六号線の脇に、「帰雲城埋没地」として城址の碑や帰雲神社などがあるが、これはあくまで、そこにあったと推測されている地にすぎない。何しろ、一瞬にしてすべてが埋没し、その範囲があまりに広範囲だったため、場所の特定ができないというのが実情なのだ。

助かったのは行商に出ていた村人数人だけで、この村の出身の彼らであっても、地形が一変したため、かつて城や町があった場所を特定できなかったのだ。

◆その額一兆円越え!? 金銀財宝が今も地中に眠る？

帰雲城は、寛正《かんしょう》六（一四六五）年、初代城主となる内ヶ島為氏《ためうじ》が、将軍足利義政の命でこの地に城を築いたことに始まる。

その後、最後の城主となった氏理まで、三代、もしくは四代にわたって西飛騨《ひだ》随一の大名として栄えたという。

ここで不思議なのは、周囲を山に囲まれ、耕地も少なく、交通の便もはなはだ悪い白川という山間《やまあい》の地で、なぜ内ヶ島氏が栄えることができたのか？　という点だ。

その理由は、西飛騨の豊富な金や銀などの鉱物資源を開発したからだと推定されている。

領内には、金銀七つの鉱山があったともいわれており、領内で採れたこれらの金銀は、地形的に守りやすく攻めがたい天然の要塞にある帰雲城に貯蔵されていたと推定されているのだ。

つまり、**帰雲城に貯蔵されていた金銀財宝が、城や住民らとともに、すべて地震によって一瞬にして地中深く埋没してしまった**というわけである。

ここから、帰雲城には古くから黄金伝説も囁かれている。その額は、現在の価値に換算すると、なんと一兆円以上。三兆円、いや、五兆円に及ぶのではないか、という説まで出ている。

洋の東西を問わず、世のなかには埋蔵金伝説が数多く存在するが、これらはすべて実際に埋められているとしても、その場所が曖昧《あいまい》すぎて、雲をつかむようなものであることが多い。

しかし、帰雲城の場合は話が違う。戦後の地質調査で山の崩壊と土砂の流入は証明されており、帰雲城に財宝があったのならば、確実に一緒に埋もれているはずなのだ。

コラム

日本を騒がせた超人伝説 其の一　巨人伝説

巨人伝説は世界各地に存在し、凶暴な巨人や心優しい巨人など、多様な姿が伝えられている。日本で語られ続ける「ダイダラボッチ」は心優しい巨人である。その伝説は日本各地に存在する。

代表的な伝説は、一夜で近江国《おうみのくに》（滋賀県）の土を掘り、その土で富士山を築いたというもの。土を掘った跡に雨水が溜まって琵琶湖になったという。この伝説にちなんで、現在でも滋賀県近江《おうみ》八幡《はちまん》市では、富士山頂の湧き水を琵琶湖に注ぐ「お水返し」という儀式が行なわれている。

また、茨城県にも伝説が残っている。ダイダラボッチは常陸国《ひたちのくに》（茨城県）の大足《おおだら》という村に住んでいたが、この村は南側に山があるため、いつも村が山の影になっていた。田んぼに充分に日が照らず、村ではほかの村の半分も作物が採れなかった。

そこでダイダラボッチは「今こそ自分の力を役立てるときだ」と立ち上がり、自慢の怪力で、南にあった山を村の北側に移動させた。この山が現在の朝房山《あさぼう》だという。おかげで村の日照時間が増えて作物がよく実るようになり、村人はダイダラボッチに感謝した。

この話にはさらに続きがある。

山を動かすときに穴ができてしまい、雨が降ると村が水浸しになってしまった。そこでダイダラボッチは指で溝《みぞ》を掘り、その水を引いて小さな沼をつくった。それが現在の千波湖《せんばこ》であるという。

さらに東京の代田橋《だいたばし》は、ダイダラボッチが橋を架けたためについた名前だという説もある。

このようにダイダラボッチは、山や湖を築いたり、あるいは橋を架けたりしてくれる善良な巨人として伝承されている。さしずめダイダラボッチは、日本の自然地形をつくり上げた創造神というところだろうか。

国土を創造した巨人・ダイダラボッチ

大串貝塚ふれあい公園のダイダラボウ(ダイダラボッチ)像。『常陸国風土記』に見える巨人と貝塚の話をもとに築かれた

第2章

「もし、本当だったら……!」あの**有名人物**の〝その後〟の**伝説**

本能寺の変で信長を討ち取るも……

明智光秀と徳川家の〝ある人物〟との奇妙な符合！

明智光秀は天正《てんしょう》十（一五八二）年、主君・織田信長を本能寺の変で討ち取ったものの、その後羽柴秀吉に山崎の戦いで敗れ、京都方面へ敗走する途中、小栗栖《おぐるす》にて落人狩りに遭い、命を落としたとされる。信長を殺害してわずか数日後のことだったため、三日天下とも呼ばれた。

無残な最期を遂げた光秀であるが、実は彼が生き延びており、さらには意外な人物になり替わって歴史の表舞台に再登場していたという驚きの伝説がある。

その人物とは、**晩年の家康の相談役で江戸幕府草創《そうそう》期の重鎮として、秀忠、家光と三代にわたって将軍に仕えた南光坊天海《なんこうぼうてんかい》**である。

天海は比叡山《ひえいざん》で修行したとされる高僧だが、その名を世に知られるようになったのは天正十六（一五八八）年頃で、それから十年あまりの後、天下を狙う家康に急接近したとされる。

つまり天海は本能寺の変の数年後、光秀と入れ替わるようにして歴史の表舞台に登場してくるのだ。しかも、その前半生については、ほとんど知られていない。

さらに天海には明智光秀との間に奇妙な共通点が多い。

天海の諡号《しごう》は「慈眼大師《じげんだいし》」というが、これは光秀の位牌《いはい》がある京都の寺名の「慈眼寺」と重なる。また天海は日光の景勝地に「明智平《あけちだいら》」と命名している。これらは天海自身が自分の前身、つまり光秀であることを伝えようとしているようにも思えるではないか。

◆光秀は「豊臣家滅亡」を見届けていた？

さらにいえば、**徳川秀忠の嫡男である竹千代（のちの三代将軍・家光）の乳母となる春日局《かすがのつぼね》を家康に推薦したのも天海**といわれている。

春日局の父は光秀の重臣で、山崎の戦いののちに処刑された斎藤利三《さいとうとしみつ》。しかも近年では、本能寺の変勃発の鍵を握る重要人物としてにわかに注目される人物なのだ。そうした謀反《むほん》人の娘である春日局が、将軍家、しかも世継ぎの乳母になれたのは、家臣の一族を思う天海の力が働いたと思うのが自然だろう。

しかも天海ゆかりの比叡山松禅院《しょうぜんいん》には、光秀生存の証がある。

ここには光秀が寄進したとされる石灯籠《いしどうろう》が伝わるが、その寄進日はなんと「慶長《けいちょう》二十年二月十七日」つまり一六一五年となっている。これはまさに、光秀が豊臣家滅亡のときまで生きていた証ではないだろうか。

それではなぜ、その天海は素性がばれる危険をおかしてまで家康に仕え、家康も光秀である天海を、そば近くに置いたのか。

天海（光秀）の目的は、自分から天下を奪った豊臣一族への復讐だったと推測される。

豊臣家滅亡の引き金となった「方広寺鐘銘事件《ほうこうじしようめい》」は、豊臣家が方広寺に奉納した鐘に家康を呪詛《じゆそ》する内容が刻まれていると徳川方が言いがかりをつけたものだが、**これを指示した黒幕こそが天海**とされているのだ。まさしく天海（光秀）は、豊臣家に復讐をはたしたことになる。

家康にとっても、光秀は天下を目指すには高すぎる壁であった信長を倒してくれた恩人である。加えて、信長を側近として支えてきた参謀としての才能も見込んで配下に加えたのではなかろうか。

天海は家康の没後、家康を祀る日光東照宮の建設に深く関わった。この東照宮の鐘《しよう》楼《ろう》の壁と庇《ひさし》、陽明門《ようめいもん》の門衛の袴には、そうした天海の存在を暗示するかのごとく、徳川家の葵紋ではなく、**明智家の家紋である「桔梗紋《ききようもん》」と思《おぼ》しき紋**があしらわれている。

光秀・天海と周囲の人々

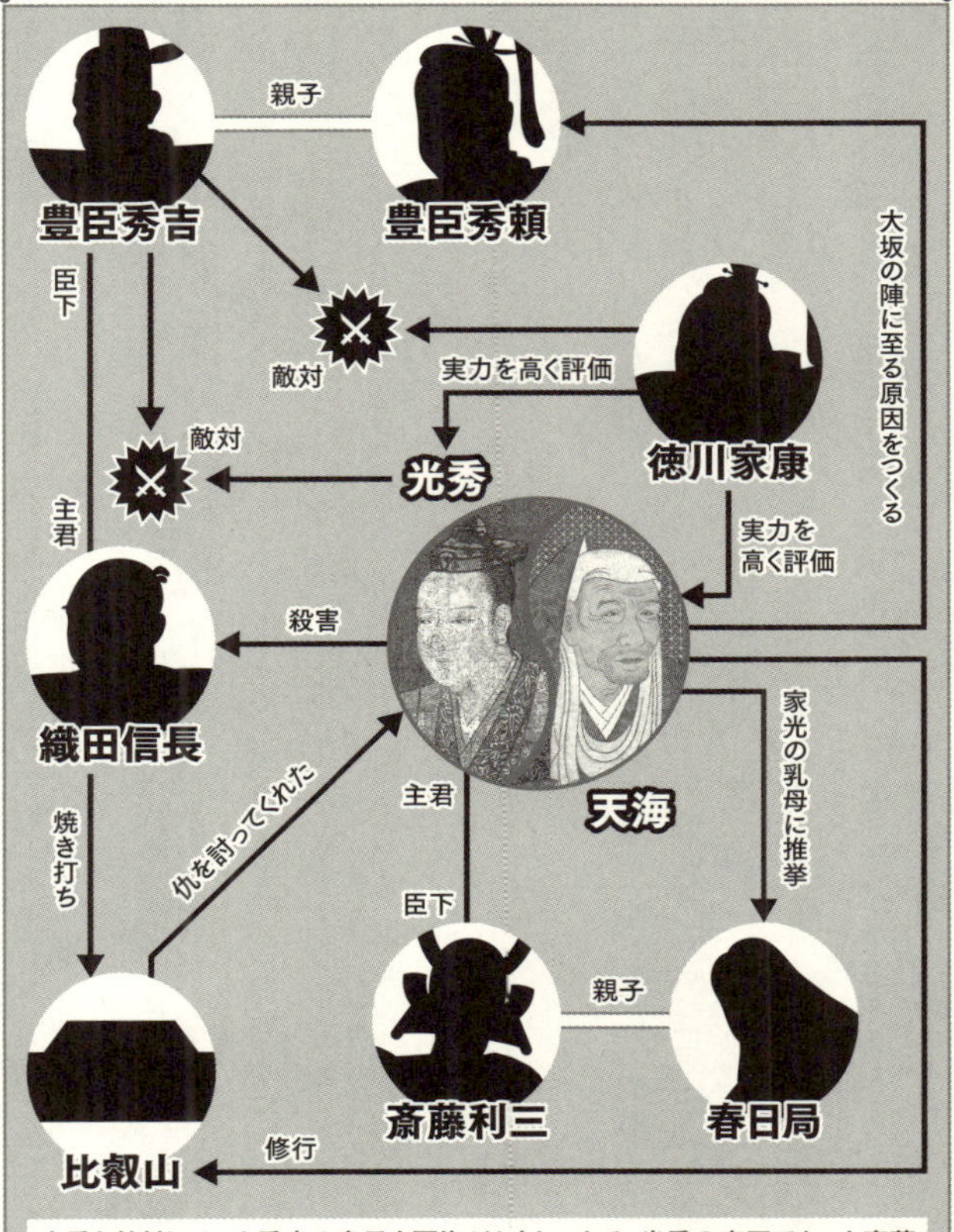

光秀と敵対していた秀吉の息子を天海がおとしいれる、光秀の忠臣であった斎藤利三の娘を天海が厚遇するというように光秀と天海の意思が合致している

関ヶ原で敗れた、西軍の将

なぜか秋田で語り継がれる、石田三成の「幸福な余生」

敗軍の将の生存伝説はたくさんあるが、関ヶ原の戦いで敗れた石田三成の伝説は、具体性に富み、「もしかすると……」と思わせるものがある。

歴史上の石田三成は、慶長五（一六〇〇）年九月十五日の関ヶ原の戦いで敗れ、再起をはかって戦場を離脱したものの、近江古橋村《おうみふるはしむら》（滋賀県長浜市）の山中で田中吉政《たなかよしまさ》の家臣に発見され、十月一日、京都六条河原にて、同志の小西行長《こにしゆきなが》、安国寺恵瓊《あんこくじえけい》とともに斬首された。

三成の生存説はいくつか伝わっているが、とくに興味深いのが、佐竹義宣《さたけよしのぶ》のもとに逃れたとする説である。それによると、**六条河原で処刑されたのは三成の影武者で、本人は側近三人とともに逃げ延び、佐竹義宣を頼った**のだという。佐竹氏は常陸《ひたち》国（茨城県）の大名だったが、関ヶ原の戦いには参加せず、西軍寄りの動きを見せたため、戦後、大減封《げんぽう》（領地の削減）を受けて出羽久保田《でわくぼた》（秋田県）へと移されていた。

義宣と三成は豊臣政権下での親交が深く、次のような逸話が伝わる。

全国各地に伝わる、戦国武将の生存説

石田 三成	秋田県秋田市	関ヶ原を脱出後、帰命寺で出家し、以後隠棲したとされる
明石 全登	青森県弘前市	大坂の陣で行方不明となったのち、津軽信牧に保護される
	秋田県大館市	彼の子孫とされる一族が存在する
	宮城県仙台市	大坂の陣で行方不明となったのち、伊達政宗に保護される
島 左近	岩手県陸前高田市	墓と彼の子孫とされる一族が存在する
	静岡県浜松市天竜区	関ヶ原の戦場を脱し、名前を変え、農民として生きたと伝わる
	京都府京都市	関ヶ原の戦場からのがれ、立本寺の僧として隠棲した
伊達 小次郎（政道）	東京都あきる野市	兄・政宗に殺されたとされるが、生き残り、大悲願寺で出家し、住職となったとされる
後藤 又兵衛（→P73）	奈良県宇陀市	大坂夏の陣で戦死せず、僧となりこの地で一生を終えたとされ、屋敷跡には又兵衛桜という桜が残る
武田 勝頼	高知県吾川郡仁淀川町	織田信長に滅ぼされたといわれるが、四国の香宗我部氏を頼って落ち延び、名前を変えて隠棲した
真田 信繁（→P59）	鹿児島県南九州市	大坂夏の陣後、豊臣秀頼を守り、薩摩へと落ち延びた

天正十八（一五九〇）年の小田原征伐後に行なわれた奥州仕置《おうしゅうしお》きで、秀吉は佐竹氏を改易《かいえき》して本領の常陸国を召し上げようとした。しかし三成のとりなしで佐竹氏は改易をまぬがれたという。

その恩のため、危険を承知で佐竹義宣は三成をかくまったというのだ。出羽久保田という、江戸から遠い地へ佐竹氏が転封《てんぽう》（領地替え）されており、三成が幕府に発見されづらかったことも幸いしたと思われる。

実は三成の次男・重成《しげなり》が関ヶ原の戦いの後、弘前藩《ひろさきはん》の津軽《つがる》氏にかくまわれて杉山源《すぎやまげん》吾《ご》を名乗り、三女に至っては弘前藩第二代藩主・津軽信枚《のぶひら》の正室として三代藩主・信《のぶ》義《よし》の母ともなるなど、東北と石田家のつながりは深いのだ。

こうして**義宣は、三成を城下の者に京都知恩院《ちおんいん》から招いた高僧であると紹介し、帰《き》命寺《みょうじ》に住まわせた**のである。三成はこの寺で何不自由のない暮らしをし、人々からも敬われて、余生を過ごした。一説には、側室も迎えて、一男一女をもうけたともいう。

やがて義宣は寛永《かんえい》十（一六三三）年、病を得て世を去る。すると**数え七十四歳になっていた三成は、これまでの恩に感謝して切腹し、義宣の後を追った**という。

帰命寺には、そうした三成のものとされる墓碑が現存している。

大坂夏の陣で滅びた

〝豊臣秀吉直系の子孫〟が薩摩に生存している説

天下を手中に収めた豊臣家が滅びたのは、秀吉の死後から十七年後の慶長二十（一六一五）年の大坂夏の陣でのことである。徳川家康率いる天下の諸侯二十万の軍勢の攻撃を受けた豊臣秀頼《ひでより》は、抵抗もむなしく母淀殿《よどどの》とともに大坂城で自害したと伝えられる。ところが落城から間もなく、上方では奇妙な歌謡が流行した。

「花のような　秀頼様を　鬼のような　真田《さなだ》がつれて　退きも退いたり薩摩《さつま》まで」という大変意味深長な内容である。この「真田」とは最後まで豊臣方として活躍した武将、真田信繁《のぶしげ》で、夏の陣で家康の本陣に何度も突入した末に討ち死にしたと伝えられている。

一方、「薩摩」とは現在の鹿児島県のこと。当時は島津家の所領であった。つまりこの歌謡は**「真田が秀頼を連れて薩摩まで逃げた」**という内容である。

これによると真田も秀頼も生きて大坂城を脱出したということになる。そんなことが本当にありえたのだろうか。

秀頼生存説が出たのは、信繁の死亡確認が曖昧だったことに起因する。もともと彼には何人もの影武者がいると噂されていた上、数人の武将がそれぞれ信繁の首を差し出したため、最終的に兜《かぶと》の緒で判別せざるを得なかった。そのため信繁は死んでいない、秀頼を連れて逃げたはずだという逃亡説が生み出されたようだ。

しかもその逃亡先が薩摩というのもいかにも、もっともらしい。上方や江戸から遠く、領主・薩摩藩主の島津氏はかなりの力を持っていた。関ヶ原の戦いで島津氏は石田三成の西軍に属し徳川氏と敵対したものの、敗れてなお戦場を中央突破して領国へ逃走した精強ぶりを恐れて、家康も島津氏の領地を取り上げることができなかった。

また、関ヶ原の戦い後には、豊臣方の重鎮だった宇喜多秀家《うきたひでいえ》が島津氏に一時かくまわれていた例もある。**幕府の力が強まっていたなか、当時の武将の落ち延び先として薩摩は可能性の高い土地柄だったのである。**

この伝説に呼応するかのように薩摩では不思議な言い伝えがいくつも残されている。

◆薩摩での秀頼の〝意外な暮らしぶり〟

では、どうやって秀頼一行は薩摩まで逃げ延びたのか。

そこには、ひそかに支援した人々がいたようだ。

江戸時代の随筆集『甲子夜話《かっしやわ》』によると、秘密の通路を通って大坂城を脱出した秀頼は肥後《ひご》藩主の加藤忠広《かとうただひろ》が用意した船の底に隠れ、鞆《とも》の浦（広島県福山市）、豊後日出《ぶんごひじ》などを経て薩摩に到着したという。加藤忠広の亡き父清正は豊臣恩顧《おんこ》の大名、豊後日出藩主木下延俊《きのしたのぶとし》は秀吉の正室・高台院《こうだいいん》の親戚にあたる。

薩摩では島津氏のはからいにより井上谷というところに暮らしたが、一年ほどして信繁が亡くなってしまう。秀頼は次第に自暴自棄になり酒を飲んでは暴れ、領民に嫌われた。

ついに思いあまった領民が江戸へ秀頼のことを訴え出たのだが、幕府からは**「秀頼はもはや死んだも同然」**と意外な答えが返ってきたという。政権を盤石にした幕府にとって、今さら秀頼生存説を蒸し返して混乱を招くことを恐れたのだろう。そして秀頼はここで天寿を全うしたのか、墓も残されている。

このほかにも薩摩には、**谷山に住み着いた正体不明の酔っ払いが秀頼で、薩摩半島の端に住み着いた山伏が信繁だった**という伝説などがいくつか残されている。

また、秀頼は薩摩で子をなしたともいわれている。それが事実であれば——秀吉直系の子孫が、今もどこかで暮らしているかもしれない。

新撰組の「鬼の副長」
函館に散った土方歳三の「埋葬地」は、なぜ複数存在する？

幕末の文久《ぶんきゅう》三（一八六三）年、京都の治安組織として編成された剣客集団「新撰組」。市中に潜伏する不逞浪士《ふていろうし》を弾圧し、尊攘派志士たちから怖れられた存在であるが、なかでも「鬼の副長」と呼ばれ、畏怖《いふ》されていたのが土方歳三《ひじかたとしぞう》である。

武蔵国多摩郡石田村に生まれた彼は、幕府の浪士募集に応じて上京し、同郷の近藤勇らとともに新撰組を結成。初代局長であった芹沢鴨《せりざわかも》が暗殺され、近藤が二代目局長になると副長として組織強化に努めた。

しかし、時勢は幕府に味方せず、大政奉還後の戊辰《ぼしん》戦争において、旧幕府軍が新政府軍との戦いで敗北を重ねるなか、土方は新撰組とともに江戸、宇都宮、会津などを転戦。最後は箱館《はこだて》戦争の一本木関門《いっぽんぎかんもん》の戦闘で流れ弾に当たり戦死した。明治二（一八六九）年五月十一日のことである。

その後、土方は函館市内のどこかに埋葬されたらしいのだが、のちに土方の戦死状況が様々な方向から調査されたところ、証言からいくつもの埋葬地らしき候補があがってしまう。

◆三つの埋葬候補地から遺骨が出ない理由

ある者は、土方の遺体は、七重村《ななえ》（現七飯町）の焔魔堂《えんまどう》に土葬されたといい、そこでは、土方の遺体は宝物のように大切にされているといわれた。その後、遺体は火葬され、旧幕府軍戦死者の慰霊碑である「碧血碑《へきけつひ》」のなかに埋葬されたという。

ところが、この記録は信頼できないという。その理由は、七重村には焔魔堂という建物が実際にはなかったことと、この辺りは戦争終結後すぐに新政府軍の占領地となったため、そのようなところに旧幕府軍の土方の遺体を埋葬することは不可能と考えられるからだ。

しかも改葬先の「碧血碑」は、慰霊碑であって埋葬地ではない。実際、碧血碑の奥は納骨堂のようにも見えるが、これは位牌が納められているだけで遺骨などはないという。

また五稜郭《ごりょうかく》も有力な埋葬候補地のひとつとされたが、大正時代、埋葬地とされた場所を掘っても何も出てこなかったという。ただし、五稜郭のすべての地を掘り起こしたわけではないので、百パーセントこの説が否定されたわけではない。

結局、埋葬候補地とされた場所からは、いずれも土方と思われる遺骨は発見されていない。

このことから、ある突飛な説が浮上したのである。それは、土方は箱館戦争で戦死したのではないというものだ。実は、生きていたというのである。**埋葬地がいくつも証言されたのも、土方の死を偽装しようとしたが、口裏合わせがうまくいかなかったためだという。**

では土方はどこへ消えたのか。

それは、北方の大国ロシアだ。当時の函館は対ロシア貿易の最も盛んな港であり、ロシアの領事館も置かれ、ロシアとの間に密接な関係ができ上がっていた。また、蝦夷共和国のパトロンで、土方に住まいを提供していた函館の豪商・佐野《さの》専左衛門《せんざえもん》はロシアとの貿易に従事していたという背景もある。

こうしたことから土方のロシアへの渡航説が生まれたのであるが、最前線にあったとき、**「退くものは斬る」**と叱咤《しった》していた彼が、本当に逃走を選ぶ人物であったのだろうか……。

豊臣秀頼に嫁いだ、家康の孫

夫を失った千姫は色情魔と化し、男をもてあそんだ？

徳川二代将軍秀忠と正室お江《ごう》の方との間に生まれた千姫は、慶長八（一六〇三）年、数え七歳のときに豊臣秀頼のもとへ嫁いだ。戦国の世のならい、政略結婚である。秀頼と千姫の仲が円満だったかどうかはわからない。しかし、彼女が豊臣と徳川の間で運命を翻弄されたのは、まぎれもない事実である。

輿入《こしい》れ当時こそ良好な関係にあった両家であるが、次第にその関係は対立へと転じ、慶長十九（一六一四）年の大坂の陣を迎える。翌年にかけての戦いで淀殿《よどどの》と秀頼が自決へと追い込まれる一方、千姫は落城寸前で救出された。

この千姫救出に際しては、徳川方においてひと騒動が伝えられている。

大坂城で危険に晒《さら》される千姫を哀れに思った家康が**「千姫を助けた者と結婚させる」**と言ったところ、これを信じた坂崎出羽守《さかざきでわのかみ》が命がけで救出したと伝わるが、五十歳を超えた坂崎出羽守との結婚を千姫は頑《かたく》なに拒んだ。

結局、千姫は一歳年上で美男として名高い本多忠刻《ほんだただとき》と再婚。その後、約束を反故《ほご》にされた坂崎出羽守が輿入れの行列を襲う計画を立てていることが発覚し、自害させられた。

晴れて忠刻という伴侶《はんりょ》を得た千姫であったが、姫が三十四歳（一説には三十歳）のときに、忠刻が亡くなってしまう。ふたたび独《ひと》り身となった千姫は出家して天樹院《てんじゅいん》と称し、余生を送った。

◆尼の身ながら、夜ごと男を屋敷に引き入れた……

ところが、その後の千姫には、ある伝説が伝わっている。

それは、**出家したものの、女盛りの千姫は一人寝に耐えられず、夜毎、屋敷（吉田御殿と伝わる）の前を通る男を手招きしてなかへ連れ込んだ**というもの。美男なら侍でも町人でも、所帯持ちでもよかった。気に入れば、屋敷の二階から呼び止め、その男と淫《みだ》らな行為にふけった。気に入った男は家に帰さず、飽きるまで相手をさせた。

もし男がこっそり帰ろうとすれば命はない。あるいは、その男に飽きたり、満足できなかったりした場合も、千姫は容赦なく殺したという。男たちは屋敷のなかの古井戸に投げ込まれ、この世から消し去られたというから恐ろしい。

ところが、ある一人の男が命からがら屋敷から脱け出し、そのことを仲間に話した

戦国の世に運命を翻弄された千姫（天樹院）の肖像画『千姫姿絵』（弘経寺所蔵）

ため巷に噂が広まり、やがて若い男は千姫の屋敷の前を通ってはいけないと言われるようになった。いつしか流行り歌にもなり**「吉田通れば二階から招く　しかも鹿の子の振袖で」**となったそうだ。

しかし実際の千姫は貞淑《ていしゅく》な女性であり、前夫・秀頼の遺児を引き取ったり、弟・家光の子を養育したりしており、吉田御殿の伝説はまったくのつくり話とする説が有力だ。流行り歌に関しても、これは現在の愛知県豊川市にあった吉田宿の遊女を歌ったものであり、そもそも千姫の屋敷は江戸の竹橋にあり吉田にはなかったともいう。

深窓の姫君にまつわる醜聞。はたしてウソか誠か……。伝説の舞台となった吉田御殿は、場所すらも伝わっていない。

壬申の乱で叔父に敗れた

房総の地に残る、大友皇子の哀しき伝承

皇位を争って肉親同士が戦う――不幸なことだが、歴史上、何度もこのようなことは起こった。天武元（六七二）年に起きた壬申《じんしん》の乱もそのひとつである。

壬申の乱は、天智天皇の子・大友皇子《おおとものみこ》の即位に対して、天智天皇の弟の大海人皇子《おおあまのみこ》（のちの天武天皇）が反旗を翻《ひるがえ》した内乱で、多くの豪族を味方につけた大海人皇子の勝利に終わった。

敗れた大友皇子は摂津《せっつ》へ逃げようとしたが、山前《やまさき》（大津市長等山の前、もしくは京都府大山崎）で自害した。

ところが、その大友皇子が実は生きていたという言い伝えがある。よくある生存伝説ともいえるが、大友皇子の場合は、千三百年以上も前の出来事にもかかわらず詳細に伝わり、しかもそれにちなんだ地名や神社名が現存しているのが特徴だ。

伝説によると、壬申の乱で自決したとされる大友皇子は、実際には皇子のいとこの赤田常世《あかだのとこよ》であったとされる。**常世の自決で敵の目を欺《あざむ》き、その間に大友皇子は、房総**

の千葉県君津市郊外（旧俵田村）に逃げ延び、ここに宮をつくったという。

ところが、大友皇子の生存は、天武天皇に知られてしまう。天武天皇は、皇子を生かしておけないとして兵を差し向けた。皇子は果敢に戦ったものの、最期を悟り、ついに東国の地で自害したのである。

また、君津市俵田には大友皇子を祀る白山神社もある。一説には、大友皇子の怨《おん》霊《りょう》を恐れた天武天皇の命によって創建されたといわれている。

さらに、神社のすぐ脇には、大友皇子の墓とされる古墳があり、白山神社古墳と呼ばれている。

そして、白山神社の近くには、大友皇子に殉じた妃や女官たち十二人にちなんだ十二所神社もある。

このほかにも、房総の地まで逃れてきた大友皇子が、**「松は千年持つというから、小松を三本植えよ」**と命じたことにちなみ、そこの地名が**「三本松」**となったという逸話もある。

畿内からはるか東国の地にまで伝わる悲劇の皇子の生存説は、地名伝承という具体性から事実の可能性をうかがわせる。

唐の玄宗を惑わせた傾国の美女

山口県に伝わる「楊貴妃の墓」が示すもの

エジプトのクレオパトラ、日本の歌人・小野小町とともに世界三大美女の一人に数えられる唐の楊貴妃《ようきひ》。唐王朝中興の名君・玄宗《げんそう》の第十八皇子の妃であったが、玄宗に見初められ寵愛された。

玄宗はことのほか楊貴妃を愛《め》で、その結果、政《まつりごと》に無関心になり、節度使《せつどし》・安禄山《あんろくざん》の反乱を招いてしまう。

東の洛陽《らくよう》を攻略され、いよいよ首都長安《ちょうあん》が危うくなると、玄宗は楊貴妃をともなって長安を脱出し、蜀《しょく》へ逃れようとした。しかし途中、反乱の元凶を楊一族と見る近衛《このえ》兵が馬嵬《ばかい》でボイコットを起こし、楊貴妃の処刑を要求する。玄宗はなんとか命だけは助けたいとかばったが、楊貴妃が一緒では護衛できないと主張する近衛兵を前に、泣く泣く楊貴妃に別れを告げたのである。

かくして楊貴妃は縊死《いし》を命じられ、三十八年の生涯を終えた。

その後、安禄山の乱が鎮まり、しばらく経ってからのことである。玄宗は逃亡時、

山口県長門市油谷の二尊院に伝わる楊貴妃の墓

急ごしらえで築いた楊貴妃の墓を、せめて立派に改葬してやりたいと思い立った。

そこで馬嵬に築かれた墓を掘り起こしてみたのだが、**地中から出てきたのは、なぜか楊貴妃が使っていた香袋だけだった**のである。

これは唐代の歴史を記した正史『新唐《しんとう》書《じょ》』にある記事だから、信憑性は高い。

ここから、楊貴妃は刑の執行後に息を吹き返した、あるいは、楊貴妃として処刑されたのは侍女で、本人はこっそり逃げたなどの説が浮上してきたのである。

楊貴妃の処刑法は、布で首を絞めるものだったから、処刑人の手加減によっては蘇生できたかもしれないし、玄宗の命で替え玉が処刑された可能性もある。

◆楊貴妃のために建てられた二尊院

では、逃げ延びた楊貴妃はいったいどこへ行ったのだろうか？

逃亡先のひとつとして挙げられているのが、なんと日本である。**実は山口県長門市油谷町《ゆやちょう》にある二尊院《にそんいん》には、高さ一メートル五十センチほどの五輪塔が楊貴妃の墓として伝わっているのだ。**

確かに中国本土では、いつ楊貴妃の生存が発覚するかわからない。そこで玄宗、あるいは楊貴妃のおかげで権勢をほしいままにした楊一族の誰かが、人脈を駆使して、楊貴妃を日本へ帰国する遣唐使船へ乗せたのだという。

遣唐使船で日本へやって来た楊貴妃は、本州近くで小舟に乗り換えた。そして、その小舟がたどり着いたのが山口県北西端の油谷町だった。

ところが、せっかく漂着したにもかかわらず楊貴妃は時を経ずして病にかかり、命を落としてしまった。それを哀れに思った人々が楊貴妃のために建立したのが二尊院の墓だとされている。

大坂夏の陣で討ち死にした
豊臣の猛将「後藤又兵衛」の名を冠した桜が、今も咲き誇る

奈良県北部の宇陀《うだ》市大宇陀区本郷に、樹齢三百年ほどのしだれ桜がある。NHKの大河ドラマに映像が使用されたこともあって知名度は高く、地元の人のみならず、畿内一円から多くの人が花見に訪れる全国有数の花見スポットとなっている。

この桜の名は「又兵衛桜《またべえざくら》」という。又兵衛とは、黒田《くろだ》孝高《よしたか》（如水《じょすい》）・長政《ながまさ》父子に仕え、豊臣秀吉の九州征伐や文禄《ぶんろく》の役《えき》、関ヶ原の戦いなどで武功を挙げた戦国時代の武将・後藤又兵衛のことである。

それにしてもなぜ、後藤又兵衛の名前がついたしだれ桜が奈良の地にあるのか？

又兵衛は現在の兵庫県加西《かさい》市で生まれ、黒田家に仕えた武将であり、のちに長政と仲違いして浪人となり、大坂の陣に際して豊臣方に加勢。夏の陣の道明寺の戦いで戦死している。その生涯において、奈良県とは何の接点もないように思える。

しかし、**実は又兵衛は、奈良県の宇陀市でその人生を終えた**という伝説があるのだ。

宇陀市に残る伝説によると、又兵衛は、大坂夏の陣で負傷したものの一命をとりと

め、知人を頼って宇陀へ逃げ延びてきたという。

徳川との再戦を夢見ていた又兵衛は、**この地で傷を癒しながら挙兵の機会を待っていたが、徳川の世が盤石になったと知ると、僧となって「水貝《すいかい》」と名を改め、余生を送ったというのである。**

又兵衛桜のある場所は、この地に何軒かある後藤姓を名乗る富農の屋敷地で、同区の薬師寺には又兵衛の墓も残っている。

又兵衛の墓と伝わる場所は、宇陀市大宇陀区のほかにも、出生地とされる加西市をはじめ、姫路市、鳥取市、伊予市、松山市、中津市など、各地に存在している。そのなかには、宇陀市と同様に、大坂の陣を生き延びた又兵衛がその地にたどり着き、その地で死亡したという説がもとになっているものも多いのだ。たとえば、大分県中津市も、大坂から逃げ延びた又兵衛がこの地でその後の人生を送ったとされる場所だ。又兵衛は同地に戻って妾宅《しょうたく》に身を隠し、手習いなどを教えて生活したという。

こうした伝説が残るのは、策略を弄《ろう》して豊臣氏との戦端を開き、強引に豊臣家を滅ぼした徳川への憤りや、死んだ秀頼や武将たちに対する哀惜の念を抱いた庶民たちの想いもあるのだろう。しかし、各地に又兵衛の伝説が残っている以上、本当に又兵衛は生き延びた可能性は捨て切れない。

沖縄に伝わる「意外な人物の名」

琉球王朝の始祖は、あの〝源氏の棟梁〟だった？

鹿児島県の加計呂麻島《かけろまじま》の西端・実久《さねく》という地に実久三次郎神社がある。この実久三次郎神社の由緒に、思いがけない人物が登場する。源鎮西八郎為朝《みなもとのちんぜいはちろうためとも》だ。

源為朝といえば、源氏の頭領源義朝《よしとも》の弟で、源頼朝・義経にとっては叔父にあたる。五人張りの弓を扱う怪力の持ち主で、十三歳のときには、あまりの無道ぶりに父・為《ため》義《よし》に勘当《かんどう》されて九州へ追われてしまう。

すると、自ら九州の軍事指揮官である「鎮西総追捕使《そうついぶし》」を名乗って九州を平定してしまったという。「鎮西八郎」の名もこの業績に由来する。しかし、保元《ほうげん》元（一一五六）年に勃発した保元の乱では、父・為義とともに崇徳院《すとくいん》に味方して敗れ、伊豆大島に流され、その地で没したと伝えられている。

その為朝が、奄美群島の喜界島《きかいじま》で地元の娘と夫婦になり、息子をもうけ、さらに奄美大島を南下して加計呂麻島へと至ったという。その息子の名前が実久三次郎で、実久という地名のもとになり、神社にもその名が付けられたというのである。

さて、なぜ伊豆大島で死んだはずの為朝由来の神社や、由来の地名が存在するのか？

実は、為朝は伊豆大島では死んでおらず、こっそり船で脱出していたという伝説があるのだ。しかし**船は潮流に流され、たどり着いたのが現在の沖縄本島だった**。その途中で、奄美群島の喜界島や加計呂麻島に立ち寄ったというわけである。

その後、為朝は地元の大里按司《おおざとあじ》（按司は地域共同体の首長のこと）の妹と結婚して男の子を授かり、尊敦《そんとん》と名付けた。尊敦は十五歳で浦添《うらそえ》按司になり、諸島を従えて琉《りゅう》球《きゅう》王国の祖・舜天《しゅんてん》王として国王に即位したという。つまり、**琉球王国の初代国王の父親は源為朝だった**というわけだ。

◆琉球王国の「正史」に残る為朝の名

これを単なる伝説で終わらせるのは簡単だが、実はこの話は、しっかり尚巴志《しょうはし》を祖とする近世の琉球王国へと受け継がれ、『中山世鑑《ちゅうざんせいかん》』や『球陽《きゅうよう》』といった正史に記述されていることなのだ。たとえば『中山世鑑』の「舜天王」の項に「**姓は源、神号は尊敦、……父は鎮西八郎為朝公**」としっかり記載されているのである。

一六〇三年に来琉した浄土僧袋中《たいちゅう》が、滞在中の伝聞をもとに書いたとされる『琉球神道記《しんとうき》』にも為朝がこの地を訪れていたことが書かれていることから、日本国内で勝手に伝説をつくったのではなく、すでに古琉球の時代から為朝が琉球を訪れたことが沖縄でも流布していたことがわかる。

さらに、為朝が偶然たどり着いた場所が琉球北部の今帰仁《なきじん》という場所で、この港は「運を天に任せる」という意味で「運天港」と名付けられたといわれ、琉球という名前も為朝がつけたという説もある。

ただ、これらの伝承は、薩摩の島津氏によって無理やりつくられたものだという説もある。

十七世紀に島津氏は琉球を侵攻し、従属させるのだが、このとき、その理由づけとして、「琉球の国王は、徳川や島津と同系統である源氏の血を引いている」という話をつくり上げた可能性があるというわけだ。同じ血を引いている同朋《どうほう》ならば、徳川の幕藩体制に問題なく組み込ませることができると考えたのだろう。

どちらが真実なのかは謎だが、『中山世鑑』には、舜天王が即位したのは一一八七年のことだとある。

これが事実なら、源頼朝が平家を滅ぼして鎌倉幕府を開いたのとほぼ同じ時期に源氏の血を引く人物が琉球の王となっていたわけで、まさにこの時期は源氏の最盛期だったといえるだろう。

コラム

日本を騒がせた超人伝説
其の二　長寿伝説

人間の寿命は現代でもせいぜい八十年ほどである。医学が未発達だった時代においては三十～四十歳くらいが寿命だったようだ。だが人間が八百年という途方もない年月を生きたという伝説がある。八百比丘尼《やおびくに》伝説である。

若狭国小浜《わかさのくにおばま》（福井県）の空印寺《くういんじ》に一人の尼僧が住んでいた。その容貌は十五～六歳の少女のようでありながら、実は八百歳。

そのことから「八百比丘尼」や、いつまでも若いままで肌が雪のように白いため「白比丘尼」とも呼ばれた。

伝承によると、この尼僧が超人的な長寿になったのは、人魚の肉を食べたからだという。

八百比丘尼についてはいくつもの伝承がある。

林羅山《はやしらざん》の著作『本朝神社考』には次のような話がある。

若狭の国に白比丘尼と称する者があった。その父があるとき、山中で異人に会い、別世界に連れて行かれた。その異人は父にある物を与え、これは人魚の肉でありこれを食べれば老いることがない、と言った。父がそれを持って家に帰ったところ、白比丘尼が父の着物を取り、袖《そで》のなかに忍ばせていた人魚の肉を食べてしまった。これによって白比丘尼は、長寿を得たとある。

しかし、周囲の者が皆亡くなっても娘は生き続けねばならない。百二十歳になった彼女は出家して全国を回り、やがて八百歳のときに小浜の洞窟で入定《にゅうじょう》したという。

一方、『拾椎雑話《しゅうすいざつわ》』『笈埃《きゅうあい》随筆』では八百比丘尼は、小浜の高橋長者の娘とされている。

小浜の長者たちの集まりがあり、海辺に住む人のところで催すこととなった。その日長者たちがふと炊事場を覗くと俎板《まないた》に少女のような生き物をのせて料理している。気味が悪いので皆が焼き物に

人魚の肉を食べて 八百年生きた娘・八百比丘尼

箸を付けずにおくと、帰り際に土産に持たせてくれた。

長者たちは土産の焼き物にも口を付けなかったが、それをある長者の娘が知らずに食べてしまい、数百年も年を取らずに生きて八百比丘尼と呼ばれたという。

その後で、海辺の人とは竜宮城の人で、焼き物は人魚の肉であったと説明している。現在も小浜市に残る空印寺は八百比丘尼が最後に住んだとされる寺で、門前に、八百比丘尼がそこで入定したとされる洞窟がある。八百比丘尼伝説にあやかり、今も健康と長寿を祈る人のお参りが絶えない。

第3章

激動の瞬間——
光と影が入り交じる
伝説

享保の改革を推進した八代将軍
徳川吉宗が将軍になれたのは血塗られた"陰謀"ゆえか？

紀州藩主から将軍になった八代将軍徳川吉宗は、享保《きょうほう》の改革を推進し、「徳川幕府中興の祖」と称えられる名君である。目安箱の設置や大岡忠相《おおおかただすけ》の登用といった業績から、温情ある為政者という印象を持っている人が多いだろう。だが吉宗が将軍になるまでの道のりは、なんとも血なまぐさい裏工作によるものだったともいわれている。

なぜなら**吉宗が紀州藩主、さらに将軍に就任するにあたり、ライバルたちが都合よく次々に急死していった**からである。不自然ともいえる偶然の裏には、吉宗の黒い野心がうごめいていたのではないだろうか。

そもそも紀州藩主徳川光貞《みつさだ》の四男に生まれた吉宗は、将軍はおろか紀州藩主にさえ手の届かないはずの身の上だった。ところが父の隠居を受けて紀州藩主を継いでいた長兄の綱教《つなのり》が宝永《ほうえい》二（一七〇五）年五月、四十一歳の若さで亡くなると、同年八月には父の光貞、さらに九月には兄の跡を継いだ三男の頼職《よりもと》（次兄は早世）が跡継ぎを残さず病死してしまう。吉宗は四カ月の間に父と兄二人を一挙に失い、はからずもその手に紀州藩主の座が転がり込んできたのである。

老父はともかく兄二人の相次ぐ死について、当時から吉宗には不審の目が向けられていた節がある。少なくとも頼職の側近らは吉宗に疑惑を抱き、紀州藩の医師を信用せず、幕府に医師の派遣を要請していたといわれる。紀州城下でもこの不審死にまつわる噂が広まり、事件について口にしないようにとお達しが出たほど。これほど噂が流布したのは、やはり紀州藩主の連続死を人々も怪しんでいたからだろう。

血塗られた噂とともに紀州藩主になった吉宗だったが、その野心は紀州藩主にとどまることなく、将軍後継争いにまでおよんでいく。

正徳《しょうとく》六（一七一六）年、八歳の七代将軍家継《いえつぐ》が危篤におちいった。これより前、家継の父の六代将軍家宣《いえのぶ》はこの事態を想定し、御三家筆頭の尾張の徳川吉通《よしみち》を後継に指名していた。だが家継危篤のときには、すでに、指命されていた吉通ばかりか、その子五郎太《ごろうた》もこの世の人ではなかったのである。

とくに吉通は**まんじゅうを食べて血を吐いての頓死《とんし》**という暗殺としか思えない不審死を遂げており、その直後に三歳の五郎太も急死。こうして尾張家は後継レースから外れていく。あまりにも吉宗に都合のよすぎる〝ライバルの連続死〟という偶然も、ここまで重なれば不気味でさえある。吉宗による暗殺説が人の口にのぼるのも当然である。

◆忍びの者に下された暗殺指令

しかも恐ろしいことに、吉宗はこれらの暗殺を実行する部隊を抱えていたという。

吉宗は幕府の御庭番《おにわばん》（隠密《おんみつ》）を創設したことでも知られるが、紀州藩主時代から「町廻目付《まちまわりめつけ》」と呼ばれる密偵を活用していた。いち早く忍びとのコネクションを持ち、命を下していたのだ。吉通が悶死した際、尾張藩士・朝日重章《あさひしげあき》の日記『鸚鵡籠中記《おうむろうちゅうき》』には、**紀州藩の隠密らしき者が尾張藩邸の様子をうかがっていた**という記述もある。

何よりその後の吉宗の猛烈な政界工作を見ると、ライバルの暗殺説も現実味を増してくる。尾張家には吉通の弟の継友《つぐとも》がおり、次代将軍の有力候補であったが、吉宗はすかさず将軍継承に発言力を持つ大奥や水戸家、譜代《ふだい》を味方に取り込んでいった。

そして、家宣の正室の天英院《てんえいいん》に取り入り、家宣の遺言として将軍就任を要請されるという離れ業までやってのけたのだ。継友はのちに三十八歳の若さで疑惑の死を遂げている。

こうして見ると、吉宗が将軍になるまでのあまりに都合のよい展開には、のちに御庭番となる隠密の影があったと仮定すると、すべての辻褄《つじつま》が合うのではないだろうか。

薩長同盟を仲介した明治維新の功労者

坂本龍馬を〝陰で操っていた〟存在とは

幕末の志士にして薩長同盟の立役者である坂本龍馬。ほかにも日本初の株式会社「亀山社中《かめやましゃちゅう》」の設立や、第二次長州征伐における活躍、明治政府の骨子をつくった船中八策《せんちゅうはっさく》、さらには、大政奉還の発案など、その生涯はほとんど伝説と化しているが、彼についてひそかに語られている伝説がもうひとつある。

なんと彼の活躍の裏には、秘密結社フリーメイソンの存在があったというのだ。

フリーメイソンといえば社会的地位の高い人々が集まるイギリス発祥の世界的な秘密結社。世界を裏で操っているともいわれる存在だ。そのフリーメイソンと、当時はアジアの片隅の小国日本の一武士にすぎなかった龍馬。どのようなつながりがあったのだろうか。

龍馬に黒幕がいたことを示すのは、慶応元（一八六五）年の亀山社中設立後、その三カ月後に**七千八百挺《ちょう》もの銃を外国から仕入れた事実**である。一介の武士にしかすぎない龍馬が一人で大量の武器を短期間で入手するのはほぼ不可能だ。

それを主導した黒幕は、長崎のグラバー邸にその名を残す、武器商人のトーマス・グラバー。グラバーと龍馬は長崎の豪商小曾根英四郎《こぞねえいしろう》の紹介で出会ったという。

このグラバーは薩長の倒幕運動に加担し、長州藩士や薩摩藩士らの若者をヨーロッパに密航させている。龍馬は海外の知識や流通ルートを授けられたといわれる。

そして、このグラバーこそがフリーメイソンの会員だったのである。もちろん本人は公にはしていない。

長崎のグラバー邸には、コンパスと定規を組み合わせたフリーメイソンのシンボルマークが入った石柱や石碑がある。もとは別の場所にあったものを昭和四十二（一九六七）年に移築したものだが、関わりがあるため移されたのだろう。

さらにグラバーの父はフリーメイソンが多いと言われる海軍関係者（イギリス海軍大尉）であったし、グラバーが上海に渡って入社した「ジャーディン・マセソン商会」もフリーメイソンの関わる会社であった。グラバーが会員でないほうが不自然だ。

来日して長崎代理店「グラバー商会」を設立したグラバーの真の目的は、開港によるビジネス拡大にあった。そのためには開港の拡大を渋る幕府を倒さねばならない。その計画を進めるなかで出会ったのが龍馬だったのである。グラバーは龍馬の人柄と自由な発想を見抜き、自らの描く倒幕プランのキーマンになると確信。以降、グラバー

グラバー園の敷地内に残るフリーメイソンのシンボルマーク

がプロデューサー、龍馬がエージェントとして動き出したのである。

そして最大の活躍となったのが亀山社中の設立と薩長連合だ。龍馬の動静は十一月から半年ほど不明なのだが、この間龍馬は薩摩を訪れるとともに長崎入りしてグラバーと密談をしたのだろう。翌年五月に設立する亀山社中の結成についてや薩長同盟についての案を練ったと思われる。以降、龍馬は次々それらを実現していくのである。

グラバーはフリーメイソンの秘密主義から龍馬との関わりを意図的に記録に残さなかったが、それでものちに**「薩長の間にあった壁を壊したのが自分の一番の手柄」**と語っている。

『おくのほそ道』を著した俳人

「松尾芭蕉＝幕府の隠密説」のこれだけの証拠

江戸時代の俳人松尾芭蕉《まつおばしょう》。各地を旅してその折々の様子や発句をまとめた『野ざらし紀行』『笈の小文《おいこぶみ》』などの紀行文も有名だ。なかでも江戸を出発して北上し、奥州平泉から出羽方面へと向かい、日本海側へ出て南下し、越後、加賀を経由して大垣まで足を伸ばした百五十日間の紀行文『おくのほそ道』は、不朽の名作として名高い。

だが、芭蕉の紀行旅は、名所旧跡を見て門人たちと交流し、俳句を詠《よ》むというのは表向きの口実で、その裏では〝秘密の使命〟を帯びていたのではないかと噂されてきた。そう、芭蕉の正体は幕府の命を受けて各地を視察する隠密ではなかったかというのである。

文化人である俳人と忍者。意外な組み合わせのようにも見えるが、**戦国時代には連歌師《れんがし》が旅をして情報収集の役割をはたした**例もある。

幕府が隠密を放てば各藩に警戒されるが、著名な俳人が旅行するぶんには怪しまれることはない。その隠密説を裏付けるのが芭蕉の代表作『おくのほそ道』である。これをひもとくと、いくつかおかしな事実が浮かび上がるのだ。

たとえば芭蕉は、時には**一日四十キロメートルを歩く**という健脚《けんきゃく》ぶりである。

また旅費についても、『おくのほそ道』や同行した弟子の曾良《そら》が記した『曾良日記』には金銭についての記述がほとんどない。もちろん各地の門人たちからの支援や句会に参加した礼金もあったと考えられるが、百五十日もの旅ともなれば宿泊代や飲食費、馬代、船賃などに相当な金額がかかる。

だが、これらの**莫大な資金が幕府から支給されていた**と考えれば辻褄が合うのではなかろうか。

同行した曾良についても、村松友次氏は『芭蕉の作品と伝記の研究』のなかで、『曾良日記』に神社仏閣の配置や、距離・方向などが執拗なまでに細かく記されていること、当時は一定の資格がなければ出入りできない日光にも、日光の養源院《ようげんいん》に手紙を届けるという名目でお宮のなかに通されているといった事実から、この旅には何らかの大きな力が働いていたのではないかと推測している。

折しも**幕府は諸藩の調査書である『土芥寇讎記《どかいこうしゅうき》』を制作中**であったとされ、芭蕉が松島の瑞巌寺《ずいがんじ》を訪れた際には、入念な調査を行なっている。しかも同寺は仙台藩の軍事要塞ともいわれていた。

◆芭蕉が生まれたのは〝忍者発祥の地〟

ただし、芭蕉がいつどこで忍者になったのか不思議に思う人もいるだろう。実は芭蕉の出自に忍者説の重大な根拠が隠されていたのである。

芭蕉は伊賀上野の武士の家の生まれである。**伊賀といえば甲賀と並ぶ二大忍者集団の伊賀忍者発祥の地**である。応仁の乱の頃よりゲリラ戦で活躍し、戦国時代には山がちな地形を利用して織田信長の軍を撃退するほどの戦闘能力を誇った。本能寺の変で堺にいた徳川家康が三河《みかわ》へ帰還する際、難所の伊賀越えを手助けしたのが伊賀衆であり、その功績により服部半蔵《はっとりはんぞう》などが家康に召し抱えられた。

芭蕉の主君藤堂家《とうどうけ》はその服部半蔵の親戚にあたり、**芭蕉は同国の高名な忍者、百地《ももち》三太夫《さんだゆう》の子孫**でもあるという。芭蕉は藩の伊賀村付大将、藤堂新七郎《しんしちろう》家に仕えていたが、親しくしていた同家の若君の死を契機に藤堂家を辞し、江戸に出た経歴を持つ。

このような出自の芭蕉が、幼い頃に多少なりとも忍者の修行を積み、生涯藤堂家とつながりを持っていたとすれば……。

俳人として活躍するその裏で、忍者としての能力を駆使して、幕府や旧主家からの密命をはたしていたのかもしれない。

『おくのほそ道』旅の行程と『曾良日記』による金品収入の記録

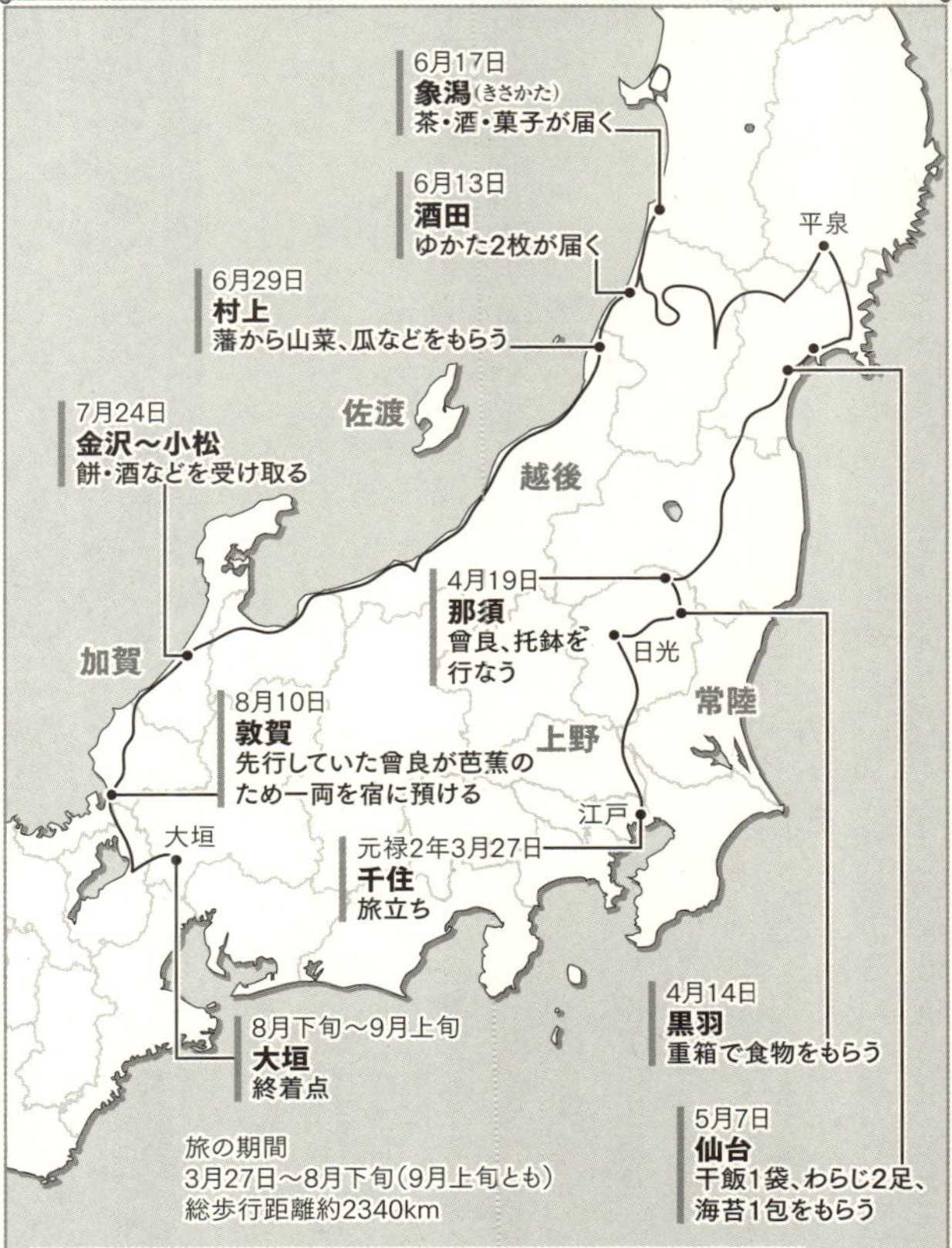

これだけの長旅にもかかわらず、資金援助を受けた描写がほとんどない

第二次大戦中にアジア諸国で略奪

「旧日本軍の埋めた財宝」が、フィリピンで今なお探されている！

フィリピンのルソン島では、トレジャーハンターを中心に、地元の人までが、島のさまざまなところで財宝探しをしているという。ルソン島のあちこちに財宝が埋まっている、という伝説があるからだ。

その伝説で語られる財宝とは、**第二次世界大戦中に日本軍が占領したアジアの国々から略奪した金塊や貴金属、宝石、文化財など**のこと。その量は、一説には金塊だけでも四千～六千トン、総額一千億ドル以上にもなるという。

日本軍は、アジア諸国で略奪したお宝を日本に送るために、日本との中継地であるフィリピンのルソン島に集めていた。ところが、戦局の悪化によって制海権を奪われ、財宝を日本に送る手立てを失い、そのうちに米軍のフィリピン上陸を迎えたのである。

このとき、マニラにいたのが日本陸軍の第十四方面軍で、司令官は山下奉文《やましたともゆき》大将だった。山下大将は、昭和十六（一九四一）年のマレー侵攻作戦の際に軍司令官を務めた人物である。イギリス軍を撃破しながらマレー半島を南下したのち、予想外の速さで

マル福金貨。フィリピンで軍票（占領地で発行される紙幣）の代わりに用いられた金貨で、ルソン島に1万枚以上も埋まっているとされる

イギリス軍の拠点シンガポールを攻略し、「マレーの虎」と絶賛された名将だ。

山下大将は、アメリカ軍の上陸を前にして、マニラからルソン島中北部へと後退を開始。その際、膨大な量の財宝を、途中のさまざまな場所に埋めたと伝えられている。伝説の財宝は**「山下財宝」**と呼ばれて、ルソン島のみならずフィリピン全土で知られており、今もなお財宝の存在をほとんどの人が信じているというのである。

◆ついに発見された「黄金製の仏像」

では、山下財宝は本当に存在するのか？

確かに世界の財宝伝説の多くは虚構であり、詐欺《さぎ》話も多い。しかし、山下伝説の場合、実際にその財宝の一部と思われるものが発見されたことがあるのだ。

昭和四十五（一九七〇）年十二月、ルソン島中央部の都市バギオの北七十キロメートルのロー谷という場所で、**ゴールデン・ブッダ（黄金製の仏像）と金の塊（インゴット）四十本が発見された**のだ。

発見者は有名なトレジャーハンターのロハスという人物。財宝が発見される少し前、彼のもとに元日本軍の工兵隊の軍曹がやってきて、ロー谷に巨大な地下壕があり、そこに財宝を埋めたと話し、地図まで渡したというのだ。そこでロハスが教えられた場所を掘ったところ、財宝が発見されたというわけだ。

残念ながら、ゴールデン・ブッダは、時の権力者のマルコス大統領に盗難品だと難癖をつけられて奪われてしまう。**十五日後に返還された際には真鍮《しんちゅう》製のものとすり替えられており、本物はその後行方不明となってしまった。**

とはいえ、フィリピンでは実際に財宝が発見されたのだ。山下財宝が実在する可能性は充分ありえる。もしかしたら、近い未来、莫大な財宝がルソン島のどこかで発見されるかもしれない。

「甲斐の虎」と呼ばれた戦国武将

武田信玄の戦略を支えていた「巫女集団」の存在

戦国最強の武将ともいわれる武田信玄。その強さの秘密のひとつは、情報の収集と伝達を重要視したことがある。

彼は「透波《すっぱ》」や「三ツ者《みつもの》」と呼ばれる忍びの集団をよく用いたとされるが、そのなかには愛らしい娘たちが、白い装束に身を包み巫女《みこ》の活動に従事しながら、諜報で暗躍した「**歩き巫女**」の姿もあったという。

ただし、「歩き巫女」は何も信玄の諜報集団に限った名称ではない。当時、活動の場を神社に固定せず各地を渡り歩いて、所属する神社の神威《しんい》を広める女性たちが数多くあった。

歌舞伎の元祖とされる出雲阿国《いずものおくに》もそうした側面を持った女性とされる。

巫女は特権により、関所を手形なしで通過でき、人で賑わう場所に現われては、白装束で祈禱や神託《しんたく》を伝え、神楽《かぐら》を舞うなどした。戦に駆り出される農民たちは、無事に帰ることができるか神託にすがり、有力な武士たちは酒宴に招いて巫女に夜伽《よとぎ》の相手をさせることもあった。

それゆえ巫女は、敵地を探り、時にはたくみに敵方に接近して、貴重な情報を入手する任務を遂行するのに、うってつけの存在であったのだ。

◆兵士たちの士気を高め、勝利をもたらした

伝えられるところによると、信玄配下の望月《もちづき》城主の望月信雅《のぶまさ》（信玄の甥にあたる）の妻千代女《ちよじょ》が、歩き巫女の頭《かしら》を務めたという。

千代女は夫・信雅が第四次川中島の戦いで戦死し（諸説あり）、独り身となって以降、信玄から歩き巫女の管理を託されたという。

千代女は、信濃の禰津《ねづ》の里に、歩き巫女を育てる施設を設け、戦で親を失ったり、生活難から捨てられた孤児たちを集めて、巫女としても忍びの者としても厳しく仕込んだ。その数は二百人とも三百人ともいわれている。

彼女たちは、険しい山道を通って、各地へ散っていった。そして時に命の危険に晒されながら、集めた情報を信玄に届けた。

ほかにも信玄は、各地へ出陣した際に、巫女たちを連れて行き、合戦の結果を占わせた。

当然、その占いは必ず「勝ち」と出るようになっていて、士気を大いに高めた。また巫女たちの踊りは、緊張した兵士たちの気持ちを和らげた。彼女らは戦場におけるアイドルのような役割も担っていたようだ。

歩き巫女が武田家で活躍した期間は、川中島の戦いから武田家が滅んだ天正十（一五八二）年まで、二十年あまりしかなかったことになる。

もしかすると、戦国時代の有名な事件の裏で、ひそかに歩き巫女が関係していた可能性もあるかもしれないが、スパイという公にはできない職務上、彼女たちの具体的な活動は一切、記録に残っていない。頭を務めていた千代女が主家滅亡後、どうなったのかも不明だ。

しかし禰津の里は、巫女の里として江戸時代も長く続いた。こちらでは歩き巫女のことを「ノノウ」とも呼んでいる。

なお同地から、真田家《さなだけ》の領内まではそう離れていない。真田家も諜報活動に重きを置いていたことから、歩き巫女たちが武田家滅亡のあと真田昌幸《まさゆき》に引き継がれた可能性も高い。

GHQに押収された資産を運用？

マッカーサーが絡んでいる？「M資金」のミステリー

戦時中、日本政府と軍は長期戦に備えて大量の貴金属や宝石類を隠匿していた。

その一例としては、軍部とつながりの深かった実業家・後藤幸正が証言した、東京都深川区越中島の海底に沈められていた金・プラチナのインゴットや、日銀地下金庫にあった総量五十万カラット以上のダイヤモンドなどがある。これらはGHQ将校エドワード・ニールセン中尉の指示のもとで引き揚げられたという。

しかし、報告を受けた日本政府は、財産の存在を「たわごと」として認めなかった。これは、資産を管理していたことを認めると、戦争犯罪人としてGHQにマークされてしまう恐れがあったためだという。その後これらの資産は、マッカーサー率いるGHQに接収され、のちに日本政府に返還された。

ところが、隠匿資産の発見時の総額と、実際にGHQから返還された資産の総額を比較すると大きな食い違いが生じる。**GHQから返還された資産が、もとの資産よりも数百億円分少なかったのである。**

昭和二十二（一九四七）年八月十三日、大蔵大臣の石橋湛山《いしばしたんざん》は衆議院において、「GHQが旧日本軍から接収し、日本政府に返還した資産のうち、当時の物価で数百億円分が記録に残っていないので、そのゆくえを早急に突き止めたい」と答弁した。

石橋が追及した旧日本軍の隠匿資産はどこに消えたのか。米軍の懐に流れたという噂もあったが、あくまで推測の域を出ない。「M資金」も、そうした噂のひとつだ。

◆大企業が次々に引っかかった「M資金詐欺」とは

M資金とは、**消えた隠匿資産が原資となって日米共同設立の極秘機関において秘密裏に運用されているとされる金融資金**のことだ。このような資金が実在するという噂が、一九六〇年代から急速に広まった。

M資金の「M」とは、マッカーサーの「M」や、GHQの経済科学局長として接収資産の管理に当たったウィリアム・F・マーカット陸軍中将の「M」ともいわれている。

とにかく事の真相が不明だから、いくらでもまことしやかな話を捏造《ねつぞう》することが可能であるため、金融詐欺の手口として、たびたび使われた。M資金を、選ばれた人間に低金利で融資していると偽り、多額の手数料をだまし取るのである。

とくに大問題となったのは一九六九年から七〇年にかけて、当時の全日空の大庭《おおば》哲夫社長が、M資金に絡んだ融資を求める念書や融資申込書を、幾度も書いていたことが発覚したことである。

この頃、全日空はダグラス社製DC－10の導入を決めていたが、アメリカ輸出入銀行に資金融資を拒否されてしまい、資金繰りに困っていた。そこにタイミングよくM資金に絡んだ融資の話を持ち込んだのが、現職の運輸大臣の紹介で訪れた元代議士の男だ。大庭社長はこれに乗ってしまい「三千億円の借り受け保証念書」を書いてしまった。そして、この念書のコピーを手に入れた金融ブローカーが、大庭社長や全日空の大株主に押しかけ「この話を明るみに出すぞ」と脅迫した。彼らの裏で糸を引いていたのは、ロッキード事件で有名な児玉誉士夫《こだまよしお》だったともいわれている。結局、株主総会で徹底追及された大庭社長は失脚した。

この全日空詐欺以降、富士製鉄（現新日鉄）などの一流企業や、俳優の田宮二郎、フィンガー5の玉元一夫といった有名タレントもM資金詐欺に引っかかっている。

M資金と聞いたら詐欺と思ったほうがよいわけだが、では大庭社長も含め、彼らはなぜだまされてしまったのだろうか。富裕層の間では、「M資金が実在する」という噂が、ひそかに知れ渡っていたのだろうか……。

M資金を巡る相関図

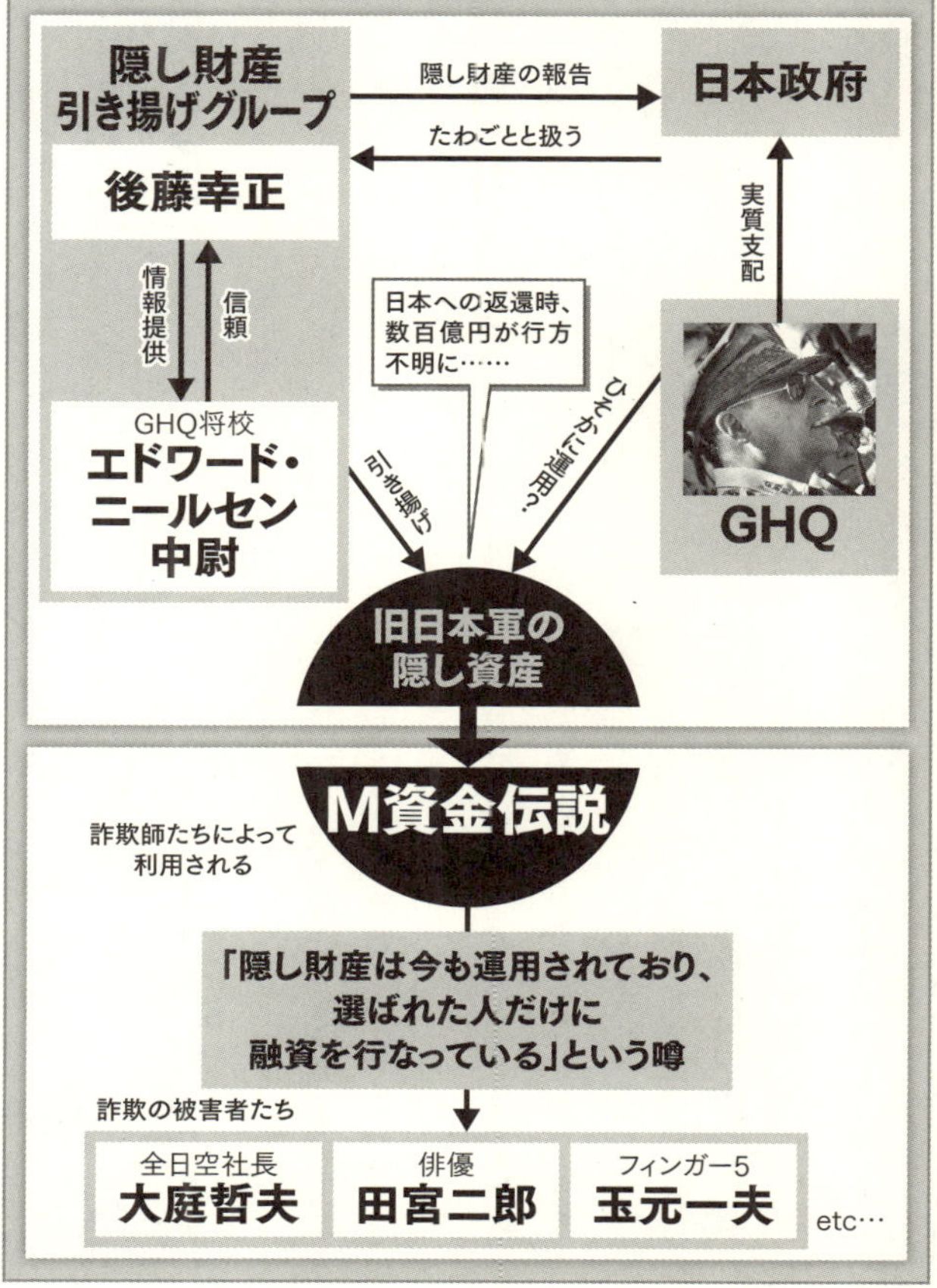

隠し財産
引き揚げグループ
後藤幸正
隠し財産の報告
たわごとと扱う
日本政府
実質支配
情報提供
信頼
日本への返還時、
数百億円が行方
不明に……
GHQ将校
エドワード・
ニールセン
中尉
引き揚げ
ひそかに運用?
GHQ
旧日本軍の
隠し資産
M資金伝説
詐欺師たちによって
利用される
「隠し財産は今も運用されており、
選ばれた人だけに
融資を行なっている」という噂
詐欺の被害者たち
全日空社長
大庭哲夫
俳優
田宮二郎
フィンガー5
玉元一夫
etc…

名君の「できの悪い息子」

徳川九代将軍の「遺骨」が語る、歴史を覆す事実とは?

江戸幕府九代将軍の徳川家重《いえしげ》の評価はあまり芳《かんば》しくない。

父である八代将軍吉宗は、質素倹約を旨として様々な改革をなしとげた名君と称えられるのに、家重には目立った功績がない。話す言葉は不明瞭で、それを理解できたのは幼い頃からの側近の大岡忠光《ただみつ》だけ。

しかも政務にいそしむどころか、酒に溺《おぼ》れて大奥に入り浸《びた》り、寛永寺《かんえいじ》参詣の折には道中に仮設の厠《かわや》を三カ所も設置させたため、「小便公方《くぼう》」などと揶揄《やゆ》された始末である。

家重が病気がちで発する言葉がはっきりしないことは、幕府の正史『徳川実紀《とくがわじつき》』にも記されている。

そのため、家重は脳性マヒ、あるいはほかの何らかの病気だったのではと早くから考えられてきた。

ところが、これらをすべて覆《くつがえ》すような、ある伝説が生まれている。家重が、実は女性だったというのだ。

◆増上寺に納められた「遺骨」が語ること

東京都港区の増上寺《ぞうじょうじ》は、江戸幕府の六人の将軍が埋葬されている名刹《めいさつ》である。昭和三十三（一九五八）年、将軍家の霊廟《れいびょう》の移転改葬が行なわれることとなり、それに伴って学術調査も行なわれた。このとき**家重が、正座の姿勢で棺に納められていたこと**が判明したのである。

当時の棺は現代のような寝棺ではないが、武士は胡座《あぐら》をかいた姿で納棺される慣わしで、家重以外の将軍たちの遺骨も胡座をかいていた。正座しているのは、将軍の正室や側室といった女性たち、そして家重なのである。

何より**家重の骨盤は幅広で女性のものに近い形だった**という。歯並びも半円形というよりV字形に近く、これも女性に多い形だといわれる。現代の解剖学者がその骨を見たら、ひと目で男女の区別ができるだろうが、学術調査の報告書には、それは記されていない。

だが、家重が女性だったとしたら、納棺の仕方も骨盤の形状も納得がいく。もしかしたら言葉が不明瞭なのも、女性ならではの高い声で話すと性別がばれるため、必死に声をひそめていた結果なのかもしれない。

しかし、家重が女性として生まれついたのなら、なぜ男性として育てられたのだろう。

これは、吉宗が将軍の座に就くための工作だと考えられる。吉宗自身は、紀州徳川家の四男として生まれたが、将軍家の血を引く者たちが次々に死亡した結果、将軍となることができた。

家重は、その将軍の後継者争いのさなかに紀州藩の江戸屋敷で生まれているのだが、血統が何より重視された時代、**嫡男がいるほうが次世代への交替も円滑に進むと判断され、後継者の決定に有利に働いた**ことだろう。

忠光のような、ごく限られた側近が口をつぐんでいれば、秘密は守られる。そこで、公には家重を男児と偽って育てたのではないか。

家重は狩りや武術を好まず、草花を愛して造花づくりを趣味にしていたという。五十一歳で没し、その死因は尿毒症だった。これは排泄されるべき尿成分が血中にたまって起こる中毒症状で、当時はこれで命を落とす女性が多かった。

家重の生涯をたどると、女性ならばこうあっただろうと頷《うなず》ける疑惑が次々に浮かび上がってくるのである。

「天皇親政」を行なおうとした
後醍醐天皇が倒幕の裏で用いていた〝邪教の秘術〟

神奈川県藤沢市の清浄光寺《しょうじょうこうじ》には、鎌倉幕府を倒した天皇として有名な後醍醐《ごだいご》天皇の肖像画が残されている。

教科書にも掲載されるこの肖像画をよく見ると、ほかの歴代天皇のものと明らかに異なる雰囲気を持っている。

後醍醐天皇は、後宇多天皇の次男として生まれ、兄の後二条天皇が幼少の皇子を残して早世したため、二十一歳で皇太子となり、文保《ぶんぽう》二（一三一八）年に即位した。そして天皇が即位以来の悲願としたのが、鎌倉幕府の倒幕である。彼は、「国の政治は天皇自ら行なうのが本来の姿である」と考え、天皇親政を実現させようとしたのだ。

しかし、幕府側も簡単には倒されない。

正中《しょうちゅう》元（一三二四）年、元弘《げんこう》元（一三三一）年と、二度にわたって倒幕の陰謀が明るみに出てしまい、正中元年の際には処罰を免れたものの、元弘元年の陰謀発覚時には、隠岐《おき》に流されてしまったのである。

この窮地に臨んで後醍醐天皇の闘志は消えるどころか、ますます燃え上がった。三度目の正直となる元弘三（一三三三）年、隠岐を脱出して倒幕の兵を挙げると、これに呼応して楠木正成《くすのきまさしげ》や赤松則村《あかまつのりむら》らが挙兵。

さらには幕府の御家人である新田義貞《にったよしさだ》や足利尊氏《あしかがたかうじ》らが次々と幕府を裏切り、鎌倉や京都の六波羅探題《ろくはらたんだい》などを攻略し、執権《しっけん》の北条高時《ほうじょうたかとき》を自害へと追い込んだ。こうして鎌倉幕府は崩壊し、後醍醐天皇は翌年、新政権を打ち立てるに至った。

◆天皇が信じていた〝禁断の密教〟の内容

初志貫徹した後醍醐天皇の決意の固さが、倒幕成功の源だった……と言いたいところだが、実は、後醍醐天皇の大願成就の裏には、当時邪教とされていた宗派の力が存在していたという。

次ページの肖像画をよく眺めてみてほしい。天皇は衣服の上に袈裟《けさ》を巻き、金剛杵《こんごうしょ》と呼ばれる法具を右手に持っている。そう、その宗教とは密教。いくつかに別れた密教の教えのなかでも平安時代末期に密教僧・仁寛《にんかん》によって始められた真言立川流《しんごんたちかわりゅう》である。立川流では、**「究極の悟りは男女の交合をもって可能とする」**とし、**性行為でエクスタシーを得ることが即身成仏への近道**だと説く。

密教に傾倒し、北条高時を自ら呪ったとされる後醍醐天皇（清浄光寺所蔵）

本来仏教において、好色は罪である。当然、真言宗の総本山である高野山はこれを認めず、立川流を邪教としていた。ところが、時の天皇である後醍醐天皇は立川流の非常に熱心な信者であった。

しかも、立川流を大成させたといわれる僧・文観《もんかん》を召し抱え、その補佐を受けていたのである。

後醍醐天皇も文観の教えを受け、危険な魔の世界の呪術に自ら手を染めていく。天皇が行なったのは「**どのような非法悪行でも成就させるが、一歩間違えれば行者自身が滅ぼされる**」という最も危険な秘法、「大聖歓喜天浴油供《だいしょうかんぎてんよくゆぐ》」であった。

浴油供は隠密裏に行なうもので、聖天（十一面観音菩薩の化身）の好物とされる酒、大根、歓喜団（菓子）などを供え、熱した油を入れた器のなかに聖天像を安置し、その像に油を注いで洗い清めながら成就を祈るというものだ。

自ら法衣をまとった天皇が、護摩《ごま》の灰の舞うなかで幕府を呪いながら一心不乱に像に油を注ぐ様子は、何かが乗り移ったような妖気すら漂わせていたという。

かくして後醍醐天皇が狂気の祈禱を行なっていた頃、鎌倉幕府は末期的状況におちいっていた。諸国で悪党がさかんに活動するなど、政局が非常に不安定になり、武士層からの支持を次第に失っていったのだ。

そして、それと時を同じくして、政治の中心にあった鎌倉幕府の執権、北条高時の身には奇怪な出来事が起きていた。

『太平記《たいへいき》』によると、ある日、酒を飲んでいた高時は、どこからともなく現われた田《でん》楽法師《がくほうし》たちに囃《はや》し立てられ、狂ったように田楽を踊り始めた。何事かと集まり、その様子を見た周囲の者たちは、腰を抜かさんばかりに驚いた。なんと、**お囃子をしていた田楽法師たちは、異形の化け物だった**というのである。

やがて元弘三（一三三三）年五月、鎌倉幕府は終焉の時を迎える。

教科書にも登場する鎌倉幕府滅亡の歴史に、法衣姿の天皇を重ね合わせたとき、隠された真実に戦慄《せんりつ》を覚えるはずだ。

院政をしいた「治天の君」

後白河法皇が「三十三間堂」を建立した〝信じがたい理由〟

平安時代末期、保元《ほうげん》・平治《へいじ》の乱を巧みに勝ち抜いた後白河法皇は、平清盛、木曾《きそ》義《よし》仲《なか》、源義経、源頼朝らを利用して、三十年以上もの長きにわたって院政をしき、朝廷内に隠然たる権力を保ち続けた。

法皇は、生涯を通じて寺院の造営にも熱心だった。現在では観光スポットとしても名高い三十三間堂《さんじゅうさんげんどう》も、法皇が平清盛に命じて長寛《ちょうかん》二（一一六四）年に建てさせた仏堂である。かつて周囲は法住寺殿《ほうじゅうじどの》と呼ばれ、院政の場を兼ねる院御所《いんのごしょ》であった。この法住寺殿に隣接する千体御堂が三十三間堂である。

三十三間堂は、地上十六メートル、奥行き二十二メートル、南北の長さは百二十メートルにおよび、内部に千一体もの千手観音立像と二十八部衆立像《にじゅうはちぶしゅうりゅうぞう》および風神・雷神像、千手観音坐像が安置されている。

だが、三十三間堂というのは通称で、正式な名は「蓮華王院《れんげおういん》」という。これは法皇の前世における名前「蓮華坊《れんげぼう》」から取られており、創建の背景には不思議な出来事があったのだ。

◆夢に現われた僧が告げた〝法皇の前世〟

後白河法皇は、常日頃より頭痛に悩まされていて、どんな医師、薬師が施療を行なっても効果がなかった。さしもの法皇も、これではなす術がない。

その頃、貴顕《きけん》（身分が高く名声を持った高貴な人）の間《あいだ》では熊野への参詣が流行していた。法皇も熊野に参詣に赴《おもむ》いた折、頭痛の治癒を祈願したところ、**「因幡堂《いなばどう》に参《さん》籠《ろう》せよ」**という託宣を得た。因幡堂とは京の市中にある薬師参りで知られる寺である。

法皇はそこにこもって祈り、最後の満願の日になったところ、夢枕に、貴《とうと》い様子の僧が現われた。

そして、法皇の前世は蓮華坊という名の熊野の僧侶であると語り、「蓮華坊は全国行脚の修行をしたので、その功徳によって現世では帝位に就くまでの身分に生まれることができた。だが、**前世のドクロが朽ちずに川の底に沈んでいる。それを柳の木が貫くようにして生えているので、風が吹くたびにドクロに触れ、頭が痛くなるのだ**」と告げたのである。

法皇は、お告げで言われた川の底を調べさせた。

現在でも頭痛の治癒にご利益があるとされる三十三間堂

すると、はたして本当にそのようなドクロが見つかったのである。

そこでドクロと柳の木を引き上げさせると、そのドクロを観音像の頭部に納め、柳の木を梁《はり》にして三十三間堂を建立した。

すると、あれほど法皇を苦しめていた頭痛がぴたりと治まったという。

今も、三十三間堂の観音像にお参りすると、頭痛平癒の御利益があるとされている。

また、毎年一月には、正月に汲んだ初水を霊木の柳の枝で参拝者に注いで祈る「柳のお加持《かじ》」という法要が行なわれている。これも、後白河法皇の頭痛がやんだことにあやかる頭痛封じの法要である。

井伊家の居城

彦根城の築城を支えた、哀しき「人柱」

白装束に身を包んだ若い娘が、城門前に置かれた白木の箱に納められ、やがて箱は担がれて、本丸の地面に掘られた穴へ向かっていく。人柱《ひとばしら》の光景である。

この光景は、今から約四百年前、彦根城《ひこねじょう》の築城にあたり本当に見られたものかもしれない。

ご当地キャラ「ひこにゃん」でも知られる名城・**彦根城は、この人柱の上に築かれたといわれているのだ。**

徳川家四天王の一人井伊《いい》直政《なおまさ》は関ヶ原の戦いののち、近江（滋賀県）に領地を加増された。西国大名、とくに大坂の豊臣家に対する備えとなるためである。当初は石田三成の居城であった佐和山城を与えられたものの、彼は琵琶湖のほとりの彦根山に新しい城の建設を計画する。

だが慶長五（一六〇〇）年の関ヶ原の戦いで受けた傷がもとで、直政は慶長七（一六〇二）年に亡くなり、まだ十二歳だった長男の直継《なおつぐ》（のちの直勝）が井伊家当主の座を継いだ。

近隣の大名や家臣たちの協力を得て城造りが進められ、近くに廃城のまま残っていた大津城の資材を利用して天守が建てられることになる。

ところがいざ天守を天守台に据えようとすると、なぜかうまくいかない。

工事現場から**「人柱を差し出せば、工事は進むはず」**との声があがった。

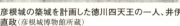

人柱とは、建築の強化の目的で、生きている人間を水底や土中に埋める人身御供《ひとみごくう》である。

彦根城の築城を計画した徳川四天王の一人、井伊直政（彦根城博物館所蔵）

それを聞いたある家臣の娘が、自ら人柱になることを申し出た。その名をお菊《きく》という。直継はこれを認め、人柱の儀式が執り行なわれた。

そのあと天守の工事は滞りなく進み、元和《げんな》八（一六二二）年、彦根城は完成した。しかし娘の死を嘆くかのごとく、井伊家の領内において、菊の花は咲かなくなったと伝えられている。

◆知られざる人柱の〝後日譚〟

一方で彦根城の人柱には後日譚がある。**実はお菊の入った箱は、途中で巧みにすり替えられ、お菊はひそかに助け出されていたらしい。**みだりに人の命を奪うことをよしとしなかった直継のはからいである。石垣の下で眠るはずだったお菊は穏やかな生涯を過ごしたようだ。

かくして彦根城は、慶長十一（一六〇六）年に天守を含む本丸などの主郭部分が完成する。その後、大坂の陣による中断を挟みながら工事が続けられ、寛永十九（一六四二）年に、城下町を含むすべての工事が完了した。

しかし、残念ながら直継は、身体が弱く家中をまとめられないと、工事の途中で幕府からの命により異母弟の直孝《なおたか》に藩主の座を譲らされた。

代わりに直継には三万石の与板藩《よいたはん》が任せられ、本人も意外と長寿を保っている。

彦根城の見取図

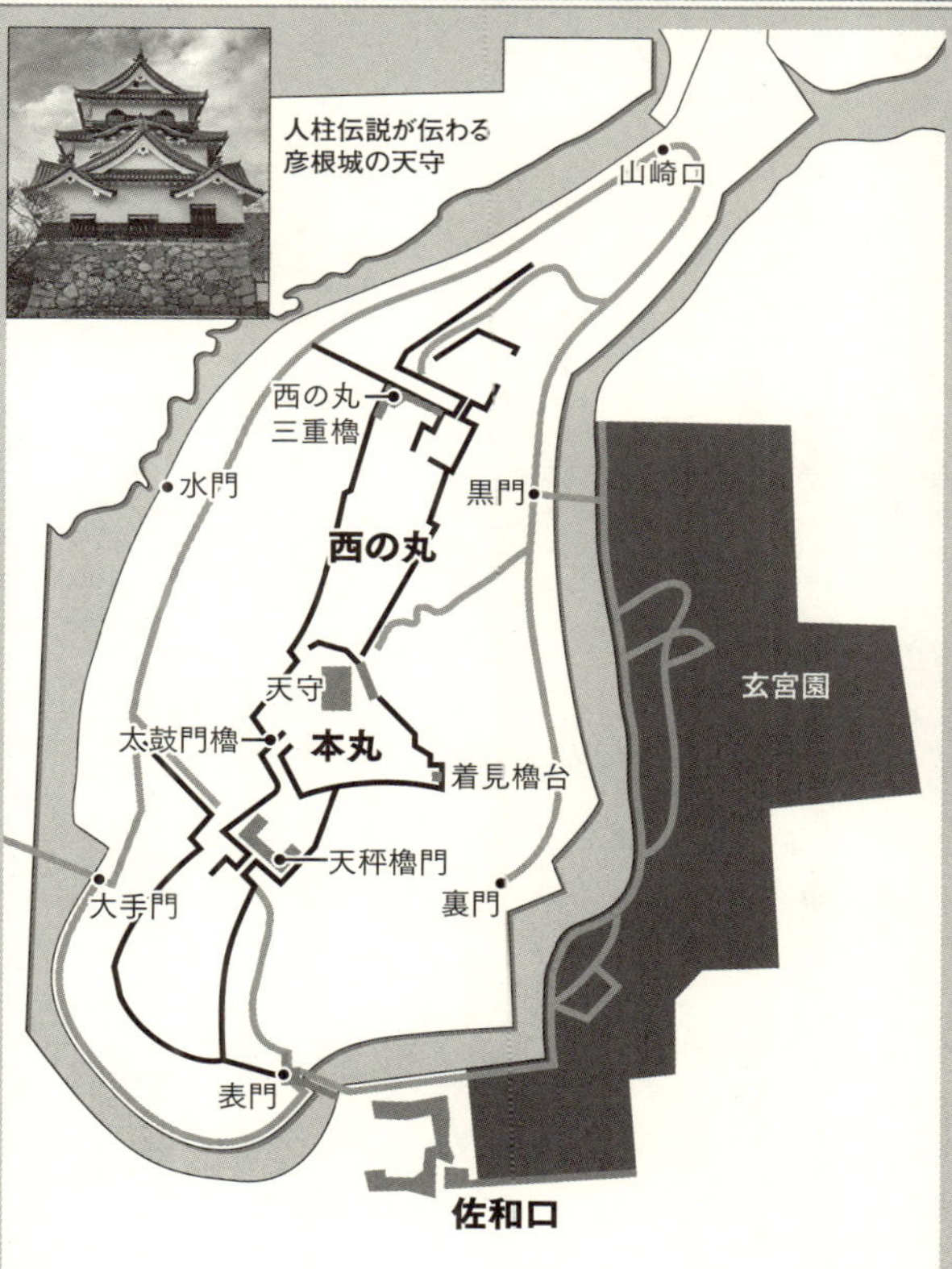
人柱伝説が伝わる
彦根城の天守
山崎口
西の丸
三重櫓
水門
黒門
西の丸
天守
玄宮園
太鼓門櫓
本丸
着見櫓台
天秤櫓門
大手門
裏門
表門
佐和口

不老不死の薬を求め船出した
始皇帝の方士・徐福が日本に渡来した〝真の目的〟とは

秦《しん》の始皇帝《しこうてい》は、古代中国を統一して大帝国を打ち立て、独裁政治を行なった。だが、どれほど強大な権力を手にしても、老いと死からは逃れられない。そんな始皇帝を言葉巧みにあざむき、手玉に取ったのが徐福《じょふく》である。

『史記《しき》』によると、徐福は呪術や学問に通じた方士（仙術を修得した人々）で、「渤《ぼっ》海《かい》の東方海上には三神山があって仙人が住んでいるので、そこに不老不死の霊薬を探しに行きたい」と申し出た。

これを聞いた始皇帝は大喜びして、すぐさま莫大な費用を与えた。

徐福は数千人の童男童女を率いて船出し、戻って来たものの霊薬は持っていなかった。その理由を**「大きな鮫《さめ》が出て邪魔したので、三神山にたどり着けなかった」**と言い、またしても始皇帝の援助を取り付けた。そして再び航海に出たものの、今度も手ぶらで帰り、**「海神に会って三神山のひとつの蓬莱山《ほうらいさん》に行き、立派な宮殿を見せてもらったが、貢ぎ物が少ないので霊薬はもらえなかった」**と報告した。

和歌山県新宮市に伝わる徐福の墓

だが始皇帝は怒るどころか、今度こそ霊薬が手に入るとますます喜んだため、徐福は五穀の種、多くの工人、武器、童男童女三千人を巨大な船に乗せて出航した。

そして、**二度と秦には戻らなかった**のである。

◆日本のあちこちに残る徐福の痕跡

この徐福がたどり着いたのが、日本だという。日本には、徐福の墓が伝わる和歌山県新宮《しんぐう》市のほか、蓬莱山と思い込んで仙薬を探したという富士山麓など、北海道から九州に至るまで徐福伝説の残る地があり、その数はおよそ三十カ所にもおよぶ。

その伝説の結末もさまざまで、最初に上陸したのは九州であり、佐賀県の吉野《よしの》ヶ里《がり》遺跡は徐福が築いた国だという説があれば、熊野に住んだのだと主張する人もいる。東へ向かって富士山を目にし、それを蓬萊山だと思い込み、その麓に住んだのだという説もある。

それなら徐福は、とうとう日本まで流れ着いたものの、霊薬を見つけることができず、始皇帝の怒りを怒れてやむなく定住したのだろうか。

だが、これとは別の見方もある。

徐福は漂流してきたわけでも、霊薬を求めて来たわけでもなく、最初から移住先を見つける目的で周到な渡航の準備をし、始皇帝をだまして人材と資金を出させたのではないかとも思われるのだ。秦から見て、東方の海上にある島といえば日本である。徐福は始皇帝の暴政からの脱出をはかり、霊薬を探すふりをして新天地を求めていたのではないだろうか。

思えば、巨大な船で航海を繰り返したにもかかわらず、中国に戻ることを簡単にあきらめて日本に定住したのも不思議である。ほとんどの伝説において、徐福ら一行はその土地で歓迎されたことになっており、日本に溶け込んだと見受けられる。

現代でも、徐福にまつわる神社や公園が各地にあり、徐福の像も建てられている。一行は秦からやってきたため秦《はた》姓を名乗り、やがて子孫たちは羽田、波田と名乗るよ

鹿児島県いちき串木野市に立つ徐福像。「いちき」は、「徐市（徐福）が来た」という意味を持つ

うになったとか、徐福の「福」の字から、福岡、福島、福山、福田などと名乗ったとも伝えられる。

徐福が連れてきた工人とは、農夫、漁師、大工、石工、紙漉《かみすき》、医師、楽人《がくじん》などで、こうした者たちがいれば、新しい土地でも生活に困ることはなかったのだろう。

そして彼らは、弥生時代の日本に農業や漁業をはじめ、多くの新しい技術をもたらすこととなった。

『史記』には、徐福は出航先で王になったと記されている。徐福が王となったかどうかは定かではないが、高千穂宮より東征し、大和を征服した初代天皇、神武《じんむ》天皇と結びつける説もある。

コラム

日本を騒がせた超人伝説
其の三　剣豪伝説

「最強」と聞いて、どのような人物を思い浮かべるであろうか。剣豪・宮本武蔵か、それとも江戸の横綱・雷電か……。実は生涯にただ一度しか敗れたことのない人物がいる。

直心影流《じきしんかげりゅう》　薙刀《なぎなた》術　第十五世宗家の園部《そのべ》秀雄《ひでお》は、昭和三十八（一九六三）年に亡くなるまで、その生涯でただ一敗という記録を残した最強の女性薙刀剣士である。

明治三（一八七〇）年三月十八日仙台藩お馬回り役の日下《くさか》陽三郎《ようざぶろう》の娘として生まれ、幼名を「たりた」と名付けられた。

当時、廃藩置《はいはんち》県《けん》によって武士階級は没落し、生活のために「たりた」も幼少のころから下働きに出された。十六歳のとき、当時住んでいた古川町に撃剣《げきけん》興行の佐《さ》竹鑑《たけかん》柳斎《りゅうさい》一行がやって来た。彼らの興行を見て、「たりた」は感動を覚え、この撃剣会の一行に加わったのである。

佐竹鑑柳斎・茂雄《しげお》夫妻（茂雄は妻の名前）の弟子となった「たりた」は、給仕、掃除、洗濯、使い走りと多くの雑用をこなさなければならなかった。しかし、合間を見ては薙刀の技を仕込まれ、どんなに多忙でも、朝晩五百本の素振りを欠かさなかった。半年後には、試合に出るようになり、美人剣士として一行の花形となった。

明治二十一（一八八八）年十月、十九歳のときに直心影流薙刀術の印可を与えられ、以後は日下秀雄と名乗る。

そして秀雄は、自分を負かした者には大賞品を進呈するとうたい、挑戦者をつのり始めた。「流儀・得物を問わず」というから地元の剣客たちはこぞって挑戦にきたが、秀雄はこれらを次々に破ってしまう。

槍術《そうじゅつ》の名人吉田伝蔵《よしだでんぞう》も、連日三人を撃剣会に送り込んだが秀雄にすべて破られた。やがて本人と秀

生涯わずか一敗！ 明治・大正を生きた最強の女剣士

雄の直接対決となり、またも秀雄が辛くも勝利した。

やがて秀雄は、直心影流薙刀術宗家を継承し、神戸で光武館をかまえる園部正利《まさとし》と結婚。以後、毎年武徳祭大演武会に出場して強豪と戦いながら、女学校の薙刀教師を務めた。

生涯ただ一度の敗北は、渡辺《わたなべ》昇《のぼる》の秘蔵弟子堀田《ほった》捨次郎《すてじろう》を相手にしたものだったが秀雄は敗北を否定している。

そして大正十五（一九二六）五月、大日本武徳会から武道家表彰の最高位である「薙刀術範士」の称号を授与されている。

第4章

歴史の転換点で起こった、「奇跡」の伝説

江戸の太平の世を築いた

徳川家康は駿府で〝宇宙人〟と会っていた！

徳川家康に関する数多くの逸話のなかでも、奇々怪々なものが宇宙人との遭遇であろう。

慶長《けいちょう》十四（一六〇九）年四月四日、当時将軍職を息子秀忠に譲って駿河《するが》（静岡県）に移っていた**家康が、居城の駿府《すんぷ》城で宇宙人と遭遇したらしい**のである。これは、単なる噂ではなく、江戸時代後期、尾張藩に仕えた儒学者・秦鼎《はたかなえ》が著した『一宵話《ひとよばなし》』ばかりか、江戸幕府の正史とされる『徳川実紀』にも記された「史実」である。

その日の朝、家康の居城・駿府城は大騒ぎになった。突如、城内の庭に、不思議な姿の生物が出現したのである。

背丈は人間の子どもと同じくらいで低いが、全身は肉がぶぅ～と膨らんでいるかのようなのっぺりとした姿だった。手はあるが、その先をよく見ると、指先は確認できない。『一宵話』ではその姿を**「肉人《にくじん》ともいうべき……」**と記している。

その風体に家臣たちは度肝を抜かれたが、それにも増して不思議なことは、誰もこ

突然宇宙人が現われたとされる駿府城。

の肉人の侵入を目撃していなかったことだった。当時の駿府城は、大御所《おおごしょ》家康の居城だったこともあり警備は厳重で、どんなに卓越した忍びの者でも、城内に入ることはできないとされていたほどだった。

それほどの厳重な警備を、どのようにして気づかれずにすり抜けたのか？

実際には、突如、庭先に出現したという表現が最も適しているような有様だった。一説には、**この奇妙な風体の侵入者は、手を上に挙げていたとされ、「自分は空からやって来た」ことを示そうとしたのではないか**ともいわれている。ますます宇宙人としか考えられない。

この侵入者と家康が直接顔を合わせたとか、家康がこの侵入者を前にどのような反応をしたかという話は、残念ながら伝わっていない。

ただ家康の家臣が、この侵入者への対応を家康に聞いたところ、**「罪を犯したわけではないから、遠くの山にでも追い払うように」**との寛大な処置を言いつけたという。

この奇妙な侵入者が現われた日は、空に光る雲が出現し、東西に長くたなびいていたなど、空模様にも不穏な雰囲気があったようだ。

宇宙人との遭遇となると、科学が進歩してからの話のような印象が強いが、実はほかにも宇宙人と江戸の人々の邂逅《かいこう》を暗示する伝説がある。

江戸時代後期の享和《きょうわ》三（一八〇三）年、常陸国《ひたちのくに》（茨城県）鹿島《かしま》の浜に、**お釜形の船が漂着**した。船は内部が透けて見え、なかには外国人風の女性が乗っており、大騒ぎとなった。この事件は瓦版にも掲載されたという。

この珍しい形をした船は「虚船《うつろぶね》」と呼ばれた。乗客の女性は皆を寄せ付けなかったため、その後、彼女がどうなったかは定かではないが、後に伝えられた**その船の形は、現代のUFOそっくりなのだ。**

この「虚船」については、江戸後期の国学者《こくがくしゃ》・屋代弘賢《やしろひろかた》の『弘賢随筆《ひろかたずいひつ》』に図解入りで説明されており、この書物は現在、国立公文書館に所蔵されている。

もしかすると、江戸時代の人々は頻繁に宇宙人と遭遇していたのかもしれない。

日本国難のまさにそのとき

明治天皇の皇后の夢枕に、坂本龍馬が現われた？

坂本龍馬といえば、幕末に活躍した土佐出身の武士で、江戸留学後の文久《ぶんきゅう》二（一八六二）年に脱藩し、幕臣・勝海舟に師事し、慶応《けいおう》二（一八六六）年に薩長同盟締結の仲介をはたした。

また後藤象二郎《ごとうしょうじろう》を通じて大政奉還建白にも関与するなど、まさに倒幕の立役者であり、近代国家としての日本の土台をつくった人物の一人といえるだろう。

坂本龍馬は、慶応三（一八六七）年十一月、京都の潜伏先・近江屋にて暗殺されてしまったので、明治維新やその後の明治政府で活躍したわけではない。

しかしながら、幕末動乱期の人物のなかでは、圧倒的な人気を誇る人物であり、超がつく有名人。それだけに、その功績を今更述べる必要もないほどなのだが、実は、「坂本龍馬」という名が世に知られるようになったのは、明治三十七（一九〇四）年二月に始まった日露戦争からであり、それまでは有名どころか、すっかり忘れ去られていたのである。

◆「私の魂は、軍人たちを保護する覚悟です」

坂本龍馬と日露戦争――この二つはまったく関係がないように思える。龍馬は慶応三（一八六七）年十一月十五日に暗殺されているので、死後、四十年ほども時が経っている。

それなのになぜ龍馬は、日露戦争をきっかけに、世のなかに知られるようになったのか？

その経緯には、不思議な出来事が関係している。

日露戦争開戦直前の二月六日、明治天皇の皇后（のちの昭憲《しょうけん》皇太后）が葉山御用邸で眠りについていたところ、夢枕に見知らぬ武士が現われた。

その**武士は、自分は坂本龍馬だと名乗った上で、「ロシアとの闘いに入る暁《あかつき》には、私の魂は我が国の軍艦に宿り、忠勇義烈なる軍人たちを保護する覚悟でございます」と告げた**というのである。

不思議に思った皇后は、その話を皇后宮大夫《こうごうぐうだいぶ》の香川敬三《かがわけいぞう》に伝え、「坂本龍馬とは誰ですか？」と尋ねた。

そこで香川は坂本の業績と人物について語り、その後、宮内大臣・田中光顕《たなかみつあき》を通じて龍馬の写真を取り寄せ、皇后に見せたのである。

すると、皇后は、**「この人に間違いありません」**というではないか。奇しくもこの日は、東郷平八郎《とうごうへいはちろう》指揮下の連合艦隊が、仁川《じんせん》・旅順《りょじゅん》を目指して佐世保を出発した日だった。

この話は**「皇后の瑞夢《ずいむ》（吉夢）」**として同年四月十三日の『時事新報』をはじめとする新聞各紙で報道され、大評判となった。

折しも強大な陸軍国家であるロシア帝国に日本が挑みかかり、海軍が仁川沖海戦、旅順港を巡る海戦で勝利を挙げていた時期である。国民の戦意は否応にも高揚した。さらに、翌年、日本がロシアから奇跡的な勝利を挙げると、龍馬の名声はますます高まり、龍馬が亀山社中《かめやましゃちゅう》や海援隊を創設していたことから「日本海軍の父」としてもてはやされるようになったのだ。

土佐藩出身の田中光顕と水戸藩出身の香川敬三によるつくり話ではないかとの指摘もあるが、畏《おそ》れ多くも皇后の名前を利用してつくり話を広めることは許されるものではない。国民の戦意高揚を目的としていたとはいえ、夢の話がまったくの嘘とは言い切れない部分もある。近代国家日本の建設に命を燃やした龍馬は、最大の国難から日本を守り、不朽の名声を得たのである。

孤立した部隊を救ったキスカ島撤退作戦

太平洋戦争での「奇跡の救出劇」を導いた〝英霊〟

太平洋戦争が激化の一途をたどっていた昭和十八(一九四三)年、アリューシャン列島のアッツ島、キスカ島で、日本軍による玉砕《ぎょくさい》と奇跡の救出作戦という対照的な二つの作戦が行なわれた。前年の昭和十七(一九四二)年六月、ミッドウェー作戦と同時に決行されたのがアッツ、キスカ両島への上陸作戦だった。どちらの島もアメリカ領であったが守備兵は少なく、日本軍は無血占領を果たした。

しかし、ミッドウェー海戦、ガダルカナル島の戦いに勝利し、反撃体制に入ったアメリカ軍は、翌昭和十八(一九四三)年五月、アリューシャン列島の奪還を開始した。まず標的とされたのはアッツ島。アメリカ軍は、日本軍の守備隊約二千六百人に対して一万一千の大兵力を上陸させてきた。

日本軍に援軍を送る余裕はすでになく、アッツ島の守備隊は「生きて虜囚《りょしゅう》の辱《はずかし》めを受けず」の教え通り、五月二十九日、最後の突撃をして全滅したのである。

この**「玉砕」の知らせを聞き、せめてキスカ島の守備隊だけは撤退させたいとして**

アッツ島に上陸したアメリカ軍

敢行《かんこう》されたのが救出作戦である。

救出作戦を任されたのは、木村昌福《きむらまさとみ》少将。キスカ島周辺には濃霧が発生するため、濃霧にまぎれて、駆逐艦隊をもってキスカ島の港へ侵入し、守備隊を収容して撤退する作戦だった。しかし、キスカ島周辺はアメリカの軍艦が占拠しており、運よく島に接近できても撤退の最中に霧が晴れて視界がよくなれば、たちまちアメリカ軍の標的になってしまう。作戦遂行はほぼ不可能に近い状況だった。

救出部隊は七月一日、千島列島東端の幌筵島《ほろむしろとう》を出港、一度目の救出に向かったが、四日目に霧が晴れたため、キスカ島にたどり着けずに引き返した。二回目の決行は七月十日。出港後、目的地付近まで迫ったが、やはり霧が晴れてきたため引き返した。二度にわたる撤退により、木村少将は「臆病者」と陰口を叩かれたというが、意に介さなかった。

そして、七月二十二日、三度目の救出に出発すると、二十九日、キスカ島にたどり着き、五千三百人あまりの日本軍守備隊を無事に収容したのである。

◆奇跡の救出を助けたものとは!?

しかしながら、キスカ島の奇跡の救出作戦は、木村少将の慎重な判断があったものの、それだけでは決して成功しなかったといわれている。実は、この成功の裏には**アメリカ軍のレーダーの誤認識という思いがけない〝幸運〟**があったからだ。

アメリカ軍のレーダーは非常に正確で、アメリカ軍が優位に立った要因のひとつともいわれている。ところが、キスカ島の南西の海上で、日本の艦隊を待ち伏せしていたとき、アメリカの戦艦のレーダーが、ある地点に〝目標物〟を探知した。アメリカ軍のほかの戦艦や巡洋艦のレーダーも同じ兆候を示したため、アメリカ艦隊は一斉に砲撃を始めた。すると、目標物が消えたので、撃沈したと喜んだのである。

ところが、**レーダーが探知したのは、日本の艦隊ではなかった。その正体は今なお判明していない。**

キスカ島の日本軍守備隊救出作戦の航路

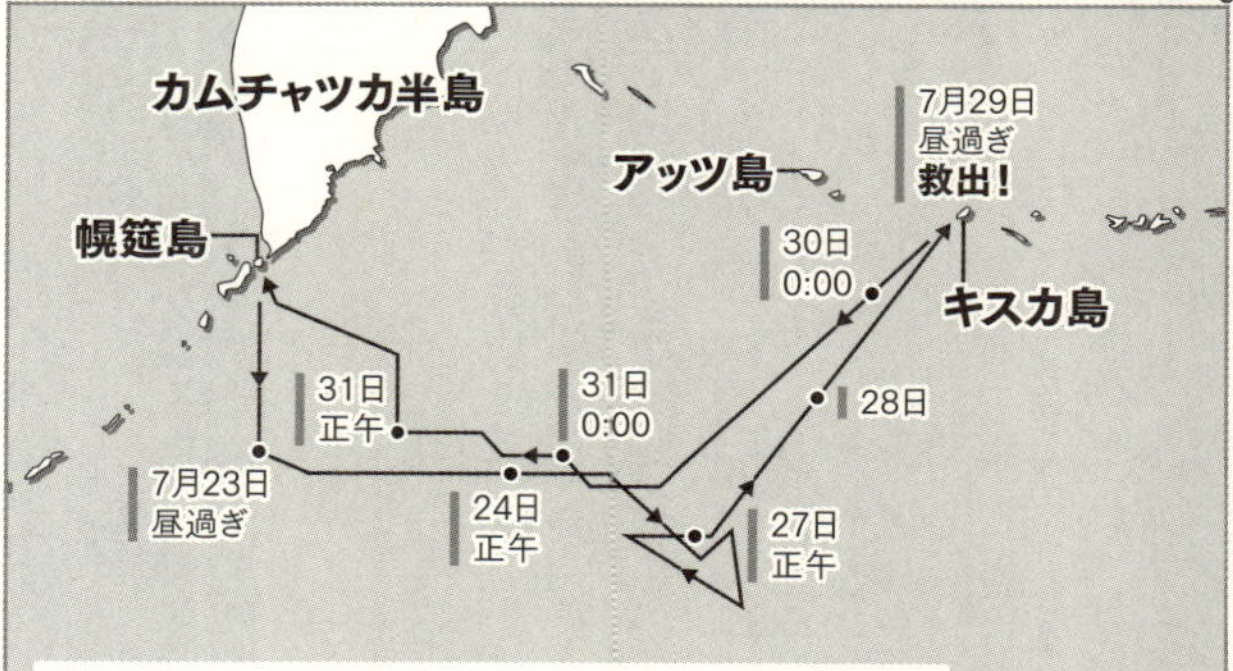

救出艦隊はアメリカ軍の様子を窺いながら、キスカ島へ接近した

そうとは知らないアメリカ艦隊は弾薬補給のため、補給艦がいる海域へ移動し、一旦キスカ島周辺から離れていった。そのわずかな時間に、日本軍の撤退作戦が実施されたのである。

のちにこのアメリカ軍のレーダーの誤認による総攻撃は「幽霊との戦闘」と呼ばれたが、実はもうひとつ不思議な現象があった。

キスカ島からの救出艦隊がアッツ島の沖合を通ったとき、「万歳、万歳」という声が聞こえたという。

救出船に乗っていた兵士たちは、その声の主をアッツ島で玉砕した英霊たちだと感じ、彼らが救出作戦を支援してくれたと信じたという。

本能寺の変に散った戦国の革命児

織田信長の〝消えた首〟は、どこへ行った？

本能寺の変は天正《てんしょう》十（一五八二）年に織田信長が、京都本能寺で家臣の明智光秀の謀反によって自害へと追い込まれた事件である。

この戦国史の転換点を巡っては、光秀が主君・信長に叛旗《はんき》を翻した理由などいまだに解けない謎が多いが、最大のミステリーといえば信長の遺体のゆくえである。信長は光秀の謀反と知るや、自らも矢や槍を手にして戦ったが、本能寺が炎に包まれるなかで自刃したと伝えられる。

ところが『信長記《しんちょうき》』によると、光秀は本能寺を捜索させたものの、肝心の信長の遺体を見つけることができなかったという。戦国時代に日本でキリスト教の布教を行なった宣教師ルイス・フロイスの『日本史』にも**「毛髪も骨も信長のものは一切残っていなかった」**と記されている。まさに信長の遺体が忽然《こつぜん》と姿を消したのである。そのため、信長は寺から脱出して薩摩《さつま》に逃れたという生存説まで浮上したが、信長の遺体が思いも寄らないところに埋められていたという伝説も伝えられている。

それは静岡県富士宮市にある西山本門寺《にしやまほんもんじ》である。実はこの寺には**信長の首が埋められたという口伝《くでん》が残り、境内には信長の首塚まである**のだ。

その裏には本能寺の変の直後、遺体を巡るある秘話があったという。

寺の第十八代住職・日順上人《にちじゅんしょうにん》が記した内過去帳の記述によると、本能寺の変の際、信長の囲碁の師匠・本因坊算砂《ほんいんぼうさんさ》の指示で、**信長の家臣の原志摩守《はらしまのかみ》が本能寺から信長の首を持って脱出。追っ手を振り切って駿河国まで逃走し、この寺に埋めた**のだという。

実際、算砂は本能寺の変の前夜に信長に囲碁の対局を披露しており、当日も巻き込まれた可能性が高い。そして算砂は日蓮宗の高僧であり、原志摩守の息子こそが日蓮宗西山本門寺の住職・日順上人だったのだ。

この関わりを考えれば算砂と原志摩守、西山本門寺がひとつの線でつながる。しかもこの伝説に符合するかのように、原一族の家伝『原家記《はらかき》』にも、原志摩守が信長に殉じた父と兄、そして信長の首を持って駿河に逃げ、この寺に埋めたと記されている。

はたしてこれは真実なのか、単なる伝説なのか。

次代の天下人である豊臣秀吉も、山崎の戦いに勝利して入京したあと、信長の遺体を探している。葬儀を行なう目的もあったが、それ以上に主の死を確認せねば天下を継承できなかったためだ。死後も一筋縄でいかないのが信長という男であった。

日本海軍の司令長官

山本五十六の「検死報告」にまつわる疑惑

太平洋戦争の真っただなか、昭和十八（一九四三）年四月十八日、日本海軍の連合艦隊司令長官・山本《やまもと》五十六《いそろく》が戦死した。

前線の航空基地に慰問と激励に出かける途中、乗っていた一式陸攻《いっしきりくこう》が、アメリカ軍の戦闘機に撃墜されたのである。

この日、山本機は六機の零戦に護衛されて、ラバウルのブナカナウ飛行場からブインに向かっていたところ、ブーゲンビル島の上空で待ち伏せしていたアメリカ軍の戦闘機P－38の部隊に襲撃され、同島のジャングルに墜落。日本軍による捜索活動は、ジャングル内ということで難航し、ようやく陸軍の一隊が墜落現場に到着できたのは墜落翌日の午後だったという。

その後、軍部から正式に発表された死体検案記録によれば、山本長官を死に至らしめたのは、左頰下から右こめかみへの一弾と、心臓の背後下へ貫く一弾の、機銃弾二発だったと報告されており、機内で即死したものと判定されている。

墜落機は三つに折れ、主翼部は焼けただれて原型をとどめず、周辺に散乱している死体は、どれが誰なのか判別できないものばかりという有様だった。しかも、墜落時の環境から、死後一日以上が経過していた遺体には、ウジがわき、相当なムクミも出ていたという。

◆まるで「考えごとをしているかのよう」な亡骸は何を語ったのか

ところが、実際には、発見当時の山本長官の遺体は、「機銃弾二発を浴びて機内で即死」という死体検案記録の内容とはかなり食い違う状態だったようで、そこから山本長官の生存説が噂されるようになった。

では、どこに食い違いがあるのか？　検証してみよう。

遺体発見時の様子は、最初に山本長官を検死した蜷川親博《になかわちかひろ》軍医大尉の弟で、自らも医学博士である蜷川親正《ちかまさ》氏が、兄が残した検死時のメモと、関係者の証言などを検証した著書『山本五十六の最期』に詳しい。

それによると、山本長官の遺体は、発見された当時、**軍刀を握って座席に腰かけた状態**だったという。しかも、右前頭部に擦過傷《さっかしょう》はあったものの、頭部の傷は大したことなく、出血もほとんどなかった。ウジもわいていなければ、ほかの遺体に見えるようなムクミもなく、**その姿はまるで何かを考えているかのようだった**という。

つまり、死体検案記録にある山本長官の死亡時の状態は、物理的に発生し得ない状況なのだ。

たとえば、山本長官が機銃によって機内で即死していたのであれば、墜落の衝撃を受けても座席にきちんと腰かけた姿勢を保つことなどできないし、ましてや、軍刀を握ったままでいることなどできようはずもない。

さらに、ウジやムクミなどの状況から見て、墜落後もかなりの時間生きていたと考えるのが妥当だろう。著者の蜷川氏は、医学博士としての立場から、山本長官の死亡推定時刻は十九日午前六時から九時の間と推断している。

つまり、**墜落翌日の朝までは生きていた**ということになるのである。さらに、海軍省の山本長官の戦死証明書と履歴書に、戦死の日付の記載がないという事実もある。なぜ、名誉ある戦死であるはずの死亡日時が正式な書類に記載されていないのか？

ここから、「もしかしたら、山本長官は、墜落時に死んでいなかったのではないか？」という噂が生まれたのである。もし生きていたとすれば、海軍はなぜ山本長官を即死したことにしたのか？　疑問は残るばかりである。

城主の悲運と共に炎上した城

安土城跡に、織田信長が怨霊となって現われた？

天下統一に乗り出した織田信長が、天正四（一五七六）年から造営を始め、三年後に完成させたのが安土城である。日本初の本格的な天守（天主）は外観五層、内部七層の目もくらむ高さでそびえ、屋根を金箔の瓦で葺《ふ》き、屋内を狩野《かのう》派の画家たちによる襖《ふすま》絵で華麗に飾った豪壮な高層宮殿である。城と同時に城下町も整備されて、商人や職人で賑わった。

しかし天正十（一五八二）年六月に、信長は本能寺の変で命を落とし、安土城には明智勢が入った。明智勢はその後の山崎の戦いに敗れると城を退去したが、安土城はその際に何らかの原因によって炎上。天主は倒壊して灰燼《かいじん》に帰し、築城からわずか三年で姿を消すこととなった。城下町と住民は、その後豊臣秀次《とよとみひでつぐ》によって近江八幡城《おうみはちまんじょう》に移され、現在の安土城址には石垣や石段、天守の礎石が残るのみである。

この安土城には、大量の黄金があったとされている。

生前の信長はよほど安土城が自慢だったのか、諸侯を招いては内部の隅々まで見せていた。堺《さかい》の豪商で千利休と並び称されるほどの茶人でもあった津田宗及《つだそうぎゅう》もそのひとりで、天正六（一五七八）年に年賀のために安土を訪れた際に、信長自身によって城内を案内され、一万枚もの黄金を見せられたことを日記に書き残している。

この**黄金のゆくえについては、本能寺の変の直後に明智勢が持ち出して、朝廷や公家、有力寺社に配ったとされる**。おそらくは、それらの勢力を味方とすべく贈ったのだろう。イエズス会の宣教師で、日本に関する多くの著作を書いた宣教師のフロイスは、信長と親交があって安土城も訪れていた。黄金についても、「**信長が長い年月をかけて蓄えた黄金を、明智は二、三日で分配してしまった**」と記している。

◆埋蔵金目当てに山に入った浪人が〝遭遇〟したもの

だが、黄金は持ち出されておらず、埋蔵金として今も安土城のどこかに眠っているという言い伝えがある。

信長の没後、安土山中には埋蔵金が隠されているという伝説が広まり、これを聞きつけた数名の浪人が発掘を試みたことがあったという。

彼らは同地に小屋を建てて発掘に当たろうとしたが、**ある夜、数十騎の武者が襲いかかってきた**。浪人たちは応戦したものの、手応えがなく、なぜか同士討ちとなり、

安土城址につくられた信長の霊廟

死者も出た。そのうちのひとりが麓の家に逃げ込んだが、ほどなく死んでしまう。

その浪人は息を引き取る間際に、安土山で見た光景を話して、**「武者たちのなかに、寝巻き姿の立派な武士がおり、大身《おおみ》の槍で攻撃してきた」**と言い残したという。

その寝巻き姿の武士が信長であったかは定かではないが、その後も埋蔵金目当てに安土山へ入った者は皆、奇妙な死を遂げたという。

この話を聞いた秀吉は、安土城址へ入ることを禁じ、信長の屋形跡に廟《びょう》を建てて旧主・信長の霊を供養したという。

天下統一を目前にして無念の最期を遂げた信長は、霊となって安土城と黄金を守っているのかもしれない。

藤原道長の息子として栄華を極めた
平等院鳳凰堂を、あの人物の〝龍の化身〟が守っている！

宇治川の流れを引き込んだ池に姿を写す平等院鳳凰堂の建つ場所は、もともと平安初期の貴族で左大臣を務めた源融《みなもとのとおる》の別荘だったが、時代を経て藤原道長の所有となり、それから長男の頼通《よりみち》に譲られた。

頼通は永承《えいしょう》七（一〇五二）年にここを寺にして平等院と号すると、翌年には鳳凰堂を建てた。折しも、浄土思想が流行しており、貴族たちは死後の安寧《あんねい》を願って寺院を建てていた。鳳凰堂とは、本堂である阿弥陀堂の通称で、堂内には阿弥陀如来の座像が安置され、『観無量寿経《かんむりょうじゅきょう》』に記された極楽浄土の世界を表現している。晩年の頼通は平等院を出家隠棲の場としたため、「宇治殿」と呼ばれた。

よほどの執心があったのか、**平等院鳳凰堂には、死後、龍となった頼通が、毎夜現われて宝物を守っている**という言い伝えがある。龍神として宇治川に棲み、丑《うし》の刻（午前一時から三時頃）になると姿を現わして見回りをするのだという。

だが、なぜ頼通はそれほど宝物に固執したのだろう。頼通は、権力の頂点にあった

極楽浄土の情景を模して藤原頼通が築いた平等院鳳凰堂

道長の長男として生まれたが、驕《おご》り高ぶることなく温厚な性格で容姿も優れていた。誰からも好かれて家庭も円満、父から譲られた関白の座について五十余年もその地位にあって、補佐役にも恵まれ、承保元（一〇七四）年、八十三歳の天寿をまっとうした。

　死後に姿を現わす者といえば、恨みを残しつつ非業の死をとげ、怨霊や亡霊となって敵に復讐したり、人々を恐れさせるというイメージが強い。それなのに、誰もがうらやむ人生を送った頼通が、夜ごと現われる理由は何なのだろうか。

　頼通の時代の平等院には、法華堂、多宝堂のほか、現在よりも多くの堂宇《どうう》が建ち並んでいた。鳳凰堂の南西には、経典や仏具、そして宝物を納める経堂があったと考えられ、頼通が姿を現わすのは経堂だという。それもこの経堂、ただの倉庫ではない。収蔵される経典や仏具は寺の根幹をなすもので、『一切経《いっさいきょう》』を供養する三月三日の法要の日以外は、厳重に錠がおろされていた。また宝物は、摂関家《せっかんけ》である藤原氏が集めた繁栄の象徴なのである。

王朝文化のパトロンでもあった頼通は、もしも経堂の収蔵品が散逸《さんいつ》することがあったら、それは世の乱れと藤原氏の衰退を意味すると考えたのだろう。臨終が近づいて、息子の師実《もろざね》に「何か気にかかることは」と尋ねられた際、平等院の御堂と、後《ご》冷泉《れいぜい》帝の皇后となっていた自分の娘だと答えたという。

また経堂には、〝この世にないはずのもの〟まで納められていたという。大江《おおえ》山《やま》から都に下りては悪事を働いた酒呑童子《しゅてんどうじ》、大陸からやって来て美女に化けては貴人をたぶらかした九尾《きゅうび》の狐など、いずれも**退治されたそれらの怪物の遺骸が平等院の経堂に収蔵されたと**伝えられているのだ。無論これらは、物語のなかだけに登場する妖怪変化なのだが、そのような不安や恐怖の象徴も、経堂に封じ込められていたのだ。

つまり龍神になった頼通は、人々の恐怖の対象だったわけではなく、加護のある龍神として敬われていた。だがこの経堂をはじめ平等院の多くの建物は、南北朝の戦乱で、中身もろとも焼失してしまった。

謎多き浮世絵師

東洲斎写楽とは、いったい何者だったのか

江戸時代の浮世絵師を代表するひとり、東洲斎写楽《とうしゅうさいしゃらく》。写楽が描く役者絵は、それぞれ役者一人ひとりの個性が際立っており、それまでのただ美しいだけの役者絵とはまったく異なっていた。

写楽のデビューは寛政《かんせい》六（一七九四）年五月のこと。歌舞伎役者を描いた二十八枚の大首絵《おおくびえ》であった。大首絵とは、バストアップで顔を大きく描いた肖像である。無名の絵師が、いきなり二十八枚も発表されたことにも驚かされるが、この役者絵は高価な雲母《きら》刷りを多用して刷られたことも異例であった。

写楽の絵を出版したのは、当代随一の出版人・蔦屋重三郎《つたやじゅうざぶろう》である。蔦屋が写楽の才能に惚れ込み、一流の出版人ならではの意気込みで費用を惜しまず写楽の浮世絵を発売したとも考えられるが、それにしても破格の待遇である。

写楽はデビューから十カ月あまりの間に精力的に作品を発表する。その数、百四十数点にもおよぶ。

たのである。

ところが、その後、パタリと発表がやみ、以後、写楽の絵が世に出ることはなかっ

一説には、デビュー作が最も優れており、その後の作品は発表するたびに稚拙《ちせつ》になっていき評価が下がったとも、写楽の役者絵はあまりにも写実的だったので被写体である役者の不評を買い、役者絵を描くことができなくなったためともいわれている。

◆写楽の正体は能役者か、複数人による絵師の集団か？

写楽の浮世絵師としてのデビューも、その後、姿を消してしまったことも、あまりにも唐突だったが、写楽最大の謎といえば、その正体は誰なのか、ということである。

なぜなら、写楽の出自について、まったく記録が残っていないからである。

無名の絵師が突然の華々しいデビューを飾ったことから、**葛飾北斎《かつしかほくさい》や喜多川歌麿《きたがわうたまろ》のような浮世絵師の大家が、ふだんとは違う画風を描くために、写楽の名を語った**ともいわれるが、この説はあまり有力視されていない。

現在、最も有力とされる説は、**阿波《あわ》藩の能役者・斎藤十郎兵衛《さいとうじゅうろべえ》だった**という説である。これは、天保《てんぽう》年間（一八三〇～四四年）に発行された『増補浮世絵類考』の「写楽　俗称は斎藤十郎兵衛。八丁堀《はっちょうぼり》に住む。阿波の能役者である。号は東洲斎」という

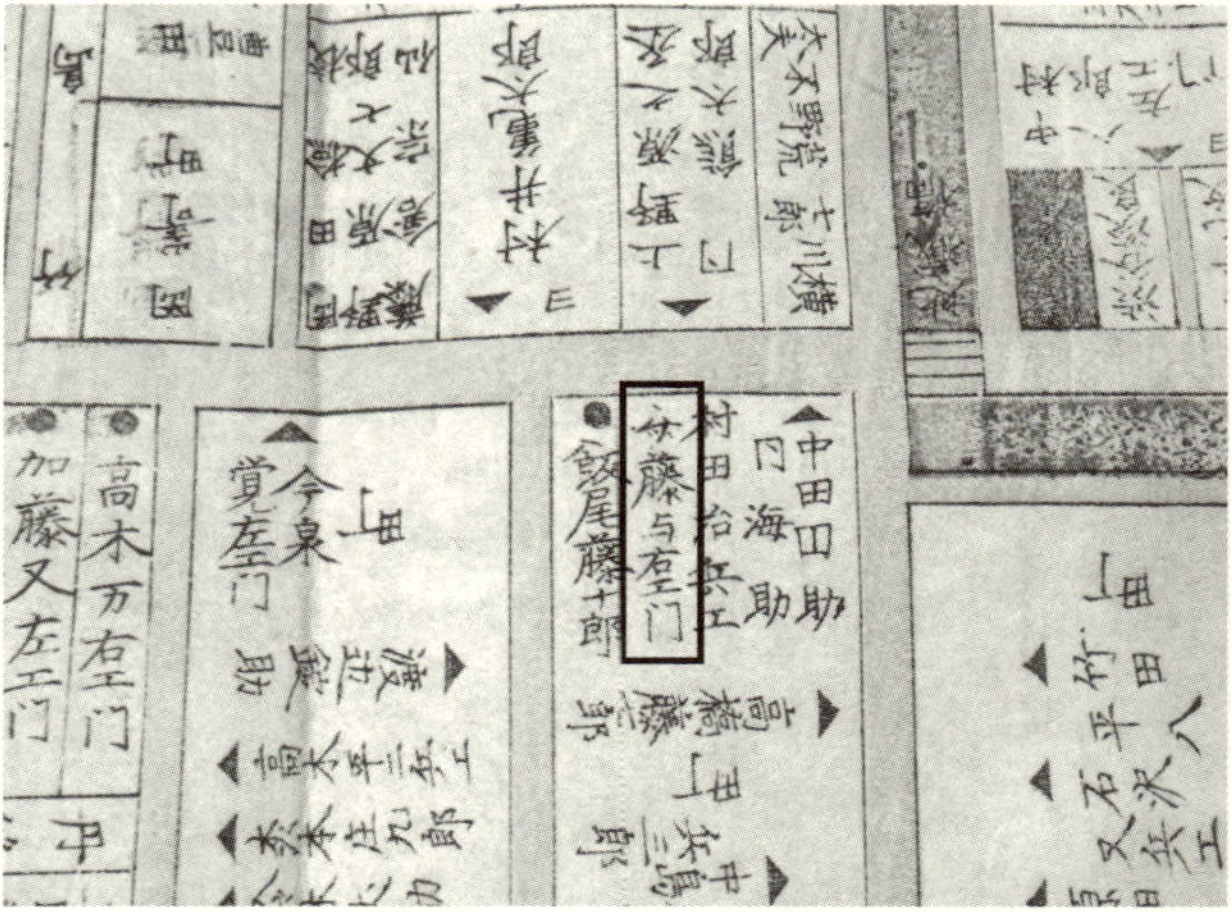
江戸切絵図『本八丁堀辺之絵図』。写楽の正体と目される斎藤十郎兵衛の父と考えられている「斎藤与右衛門」の名が中央部に確認できる（写真提供：大妻女子大学図書館）

記事が根拠になっている。

実際、能役者名簿にも斎藤十郎兵衛の名はあり、八丁堀に住んでいたことも確認された。また埼玉県越谷にある寺の過去帳に十郎兵衛の名があり、実在が証明された。阿波藩の能役者という立場から正体を隠したというのも納得いく説明である。

ただし、十郎兵衛説は有力だが定説にはなっていない。

ほかにも写楽の正体は個人ではなく、**蔦屋が抱えていた複数の無名の絵師たちによるグループだったので**はないかという説もあり、写楽の正体探しは続いている。

日本に密教を伝えた真言宗の開祖

空海が全国各地に残した「水」にまつわる奇跡

弘法大師《こうぼうだいし》こと空海《くうかい》の伝説は日本各地に残っており、その数は三千を超える。弘法大師がつくったとされる仏像や彫刻、絵画、さらには弘法大師の足跡など伝説は様々だが、最も多いのが水に関連するものだ。**錫杖《しゃくじょう》で地を突いたところ水が噴出した、水が湧き出るところを教えてくれた**などの伝説が日本各地に伝わり、「弘法水」や「弘法湯」といった水に関係する史跡が残っているのである。

なかでも興味深い伝説は四国に多い。とくに有名なのが、徳島市国府町井戸にある井戸寺《いどじ》だ。井戸寺は、四国八十八カ所霊場十七番札所に指定されている七世紀後半に創立された古刹だ。創立時代の寺名は妙照寺《みょうしょうじ》といい、七堂伽藍《しちどうがらん》と末寺十二坊を誇る壮大な寺院だったという。

弘仁《こうにん》六（八一五）年、弘法大師が、この寺を訪れたときのことである。この地域は近くに吉野川や鮎喰川《あくいがわ》が流れているというのに、井戸を掘っても濁り水しか出ず、村人たちは飲料水にも事欠いていた。それを知った弘法大師が、地面を錫杖で叩いたと

水面に自分の姿が映らなければ、3年以内に死ぬと伝えられる井戸寺の「面影の井戸」

ころ、なんと水がコンコンと湧き出したというのである。

以来、この寺は井戸寺と名前を変え、村の名前まで井戸となったと伝えられている。その井戸は今も井戸寺に残っており、「面影の井戸」と呼ばれている。**この井戸を覗き込んで自分の姿が映れば無病息災、映らなかったら三年以内に死んでしまうと**いう。

同様の伝説を持つ井戸は、高野山の奥の院にも伝わっている。

◆マルチな才能を持った弘法大師

灌漑《かんがい》用の溜池として日本一の大きさを誇る香川県の満濃池《まんのういけ》も、弘法大師ゆかりの池だ。

満濃池は、今からおよそ千三百年前の大宝《たいほう》年間に、讃岐《さぬき》の国守・道守《みちもり》朝臣《あそん》によって築造された人工池である。しかし、弘仁九（八一八）年に洪水で決壊してしまい、復旧しようとしたものの、あまりに工事が難しくて当時の技術では追いつかず、しかも人手も足りず、修復は遅々として進まなかった。しかも、讃岐は現代まで続く水不足の地域。溜池の有無は死活問題となる。

ここで頼りにされたのが弘法大師で、築池別当《べっとう》として派遣されたのである。弘法大師は、中の島に祭壇を設けて護摩《ごま》を焚き、工事関係者を鼓舞して工事を進めた。すると、なんと、**それまで三年の月日をかけても終わらなかった復旧工事が、わずか三カ月足らずで完成した**というのである。

弘法大師の法力が見事に発揮された……といいたいところではあるが、これについては、弘法大師の徳で多くの人が集まって人手不足が解消したことに加え、唐で学んだ土木技術が生かされたためのようだ。

弘法大師の設計技術は、現代にも通じるほど超高度なものだったともいわれている。こうした逸話も、水にまつわる伝説の流布にひと役買っているのかもしれない。人々の魂を救い、水を湧き出させ、土木工事まで成し遂げてしまう弘法大師。まさにマルチな才能を持った人物だったようだ。

江戸期に活躍した絵師

円山応挙の幽霊画に隠された〝哀しき秘話〟

「幽霊には足がない」とされるようになったのはいつからか、ご存じだろうか。

実は、**幽霊に足がなくなったのは、十八世紀後半のこと**なのだ。

そもそも日本において亡霊は、人魂《ひとだま》の形で現われると考えられていた。しかし、江戸時代になって中国の怪談話が伝わると、その話のなかに人の姿で現われる幽霊が登場することから、日本の幽霊も足を持つことになった。

やがて足のない幽霊が登場することになるのだが、これにひと役買ったのが江戸中期の画家として名高い円山応挙《まるやまおうきょ》である。彼の描いた幽霊に、足がなかったからだ。足をなくしたことにより、**幽霊は超自然的存在となり、より恐怖を掻《か》き立てる存在となった**。こうして、以後、足のない姿の幽霊が日本に定着していった。

応挙が最初の幽霊画を描いた際の逸話が、桜井徳太郎氏の『怪異日本史』に紹介されている。

あるとき、幽霊画を描くことになった応挙は、幽霊とはどういう姿をしているのか、イメージがつかめずにいた。さまざまな書物を調べたり、物知りの古老に話を聞いたりしたが、どうしてもその実態が見えてこない。そうした悩める夫の姿を見ていた妻は意を決し、ある日、死装束《しにしょうぞく》を身に付け、仏間で読経した後、自害したのである。

するとその晩、妻の献身に涙しながら応挙が寝ていると、夜中に彼を呼ぶ声がした。妻の声だ。**応挙が飛び起きると、枕元に変わり果てた妻の姿があったという。応挙はすぐさま筆を取り、その姿を描いた**のである。

こうして完成した絵が、日本最初の足のない幽霊の姿だった。やがてその絵は掛け軸となり、いつしか越中国《えっちゅうのくに》（富山県）八尾の商人の所有となったというが、夜な夜な幽霊が掛け軸から抜け出して歩き回るので、あまりの気味悪さから商人は近くの聞《もん》名寺《みょうじ》に納めたという。

応挙作といわれる幽霊画は全国に数多くあるというが、応挙が署名や落款《らっかん》を付さなかったために贋作《がんさく》も非常に多いといわれている。ただ、この聞名寺に納められた作品は、応挙の真筆である可能性が高いといわれている。

平安京への遷都を行なったミカド

桓武天皇が築いた「将軍塚」は、国家の異変を知らせている？

延暦《えんりゃく》十三（七九四）年に桓武《かんむ》天皇が都を平安京に遷《うつ》したことは、いうまでもない事実だ。その移築の際、桓武天皇は都の守り神として将軍塚を築いた。直径約二十メートル、高さ約二メートルの将軍塚が、京都市東山区長楽寺山《ちょうらくじやま》の頂上に今も残っている。

将軍塚のある長楽寺山の頂上は、桓武天皇が平安京に都を遷す決意をした場所でもある。平安京遷都に先立って、桓武天皇は延暦三（七八四）年に都を奈良から京都の南方にある長岡に遷したものの、延暦四（七八五）年の早良《さわら》親王の憤死事件や、その怨霊にまつわる騒動などが続いていた。そんなとき、和気清麻呂《わけのきよまろ》が桓武天皇を長楽寺山の頂上に誘った。頂上からは京都盆地が一望に見渡せる。その景色を眺めながら、「この地こそ都にふさわしい」と進言したのである。

桓武天皇は、和気清麻呂の勧めに従い、この地に都を遷すことを決意。新都を鎮護するために、都を一望に見渡せる長楽寺山の頂上に、甲冑《かっちゅう》と弓矢で武装した高さ二・五メートルの土人形を都の方角に向けて埋め、将軍塚としたのである。

『源平盛衰記《げんぺいじょうすいき》』に、桓武天皇は、土像を埋める際、「必ずこの京の守護神となりたまえ。**もし未来にこの都をよそへ遷すことがあれば、固く王城を守り、その人を罰せよ**」と宣明を下したという記述がある。

そのような縁からか、**天下に何か異変が起きると、将軍塚がまるで怒っているかのように鳴動（音を立てて揺れる）**するのだという。

その鳴動の事実は、『源平盛衰記』や『太平記』に記されている。たとえば、保元《ほうげん》元（一一五六）年七月八日に将軍塚が絶え間なく鳴動すると、その二日後には保元の乱が起きた。治承《じしょう》三（一一七九）年七月七日には急に南風が吹いたかと思うと、辺りが闇に包まれ、塚が三度にわたって鳴動したとされ、このときの鳴動は諸国に鳴り響くほど大きなものだったという。ほどなくして大地震が起こり、翌年には源頼朝が挙兵して五年におよぶ源平の争乱（治承・寿永《じゅえい》の乱）が始まっている。

さらに、貞和《じょうわ》五（一三四九）年二月に将軍塚が鳴動した翌日には、清水寺《きよみずでら》本堂や阿弥陀堂などが全焼する火災が起こり、慶長三（一五九八）年八月には、豊臣秀吉の死去を告げるかのような鳴動があった。近年では、太平洋戦争中に鳴動したという。

千二百年以上の時を経て今も都を守り続けているこの塚が、この先、鳴動しないことを祈るばかりである。

多くの結界に守られた呪術都市・京都

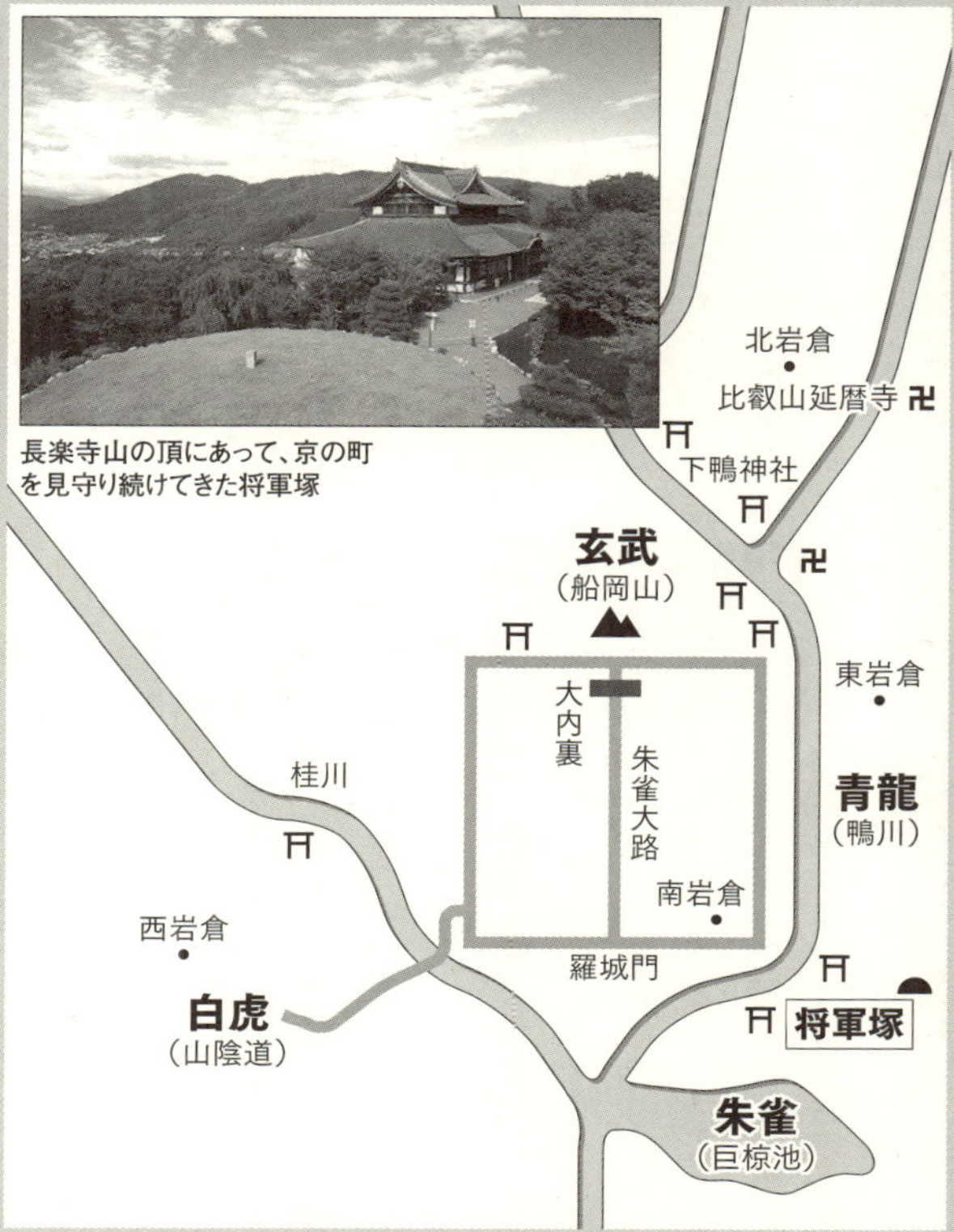

長楽寺山の頂にあって、京の町を見守り続けてきた将軍塚

遷都の際の占いで「玄武（北）に山、青龍（東）に川、朱雀（南）に湖沼、白虎（西）に大道が最適」と出た条件を完全に満たした平安京

コラム

日本を騒がせた超人伝説
其の四　超能力伝説

明治末期、〝千里《せんり》眼《がん》〟を持つ女性が続々と現れた。

最初のひとりが熊本県の御《み》船千《ふねち》鶴子《づこ》だ。

この千里眼とは、見えない状態に遮蔽《しゃへい》された物体を見ることや、写真乾板に文字を刻む「念写」ができる能力のことである。

千鶴子は日露戦争で遭難した陸軍兵士たちのゆくえを透視したり、病人を透視して治療したりしたほか、海に落ちたダイヤの指輪を見つけたり、万田炭鉱（熊本県荒尾市）を発見して謝礼二万円（現在の価値で約二千万円）を得たりしたことから、有名になっていった。その評判を聞いた東京帝国大学心理学科助教授の福来《ふくら》友吉《ともきち》は、透視実験を試みた。

明治四十三（一九一〇）年四月十日、熊本で実験が行なわれた。

実験の内容は名刺大のカードの両面に錫箔《すずはく》を塗って厚いカード二枚ではさみ、さらに四辺を糊付けした物を透視することだった。しかし、緊張のためか千鶴子は「心が定まらじん、精神の統一がようでけん。よう見えまっせんでした」と言い、実験は失敗した。そこで福来は成功には千鶴子の精神状態を安定させることが重要だと考えて、数時間後に新たに用意した名

見えないはずのものを見通す「千里眼」を持った女性

刺を錫製の磁器茶壺に入れ、蓋の上に紙で封をして千鶴子に手渡した。千鶴子はこの方法では透視に成功した。

千鶴子の能力が本物だと確信した福来は学会で「千里眼は実在する」と発表し、千鶴子は否応なく世間の好奇の目にさらされる。そして同年九月十四日、再度公開実験が行なわれた。

しかし、その結果は立ち会った者たちを当惑させた。実験内容は「鉛管のなかに入れられた紙に書かれた文字を読む」というものだった。透視は成功したが、それは実験用に東京帝大の山川教授が用意した物ではなく、福来が千鶴子に与えた練習用の鉛管だったのだ。

千鶴子は実験用に用意された物をどうしても透視できず、やむなく練習用の物を使ったのだと語った。しかし練習用の物もハンダで密閉されており、千鶴子が透視に成功したのは確かだったが……。

そののち、新聞が千里眼を否定し始め、千鶴子は詐欺師とまでいわれ、ついに自殺してしまう。

彼女の力は何だったのか。超能力の神秘はいまだ解明されていない。

第5章

背筋も凍る……
今なお消えない
「呪い」の伝説

関東独立の野望を果たせず討たれた

平将門の「首塚」――現代東京のど真んなかに鎮座する〝祟り〟

今なお、呪いや祟《たた》りは私たちの身近にあると聞けば誰しも驚くのではなかろうか。

実はそれが、東京のど真んなかに今なお存在する。千代田区丸の内の高層ビルが立ち並ぶオフィス街で、緑の木々に守られているかのような一区画がある。都市空間のなかには少し違和感があるこの場所は、関東の新皇《しんのう》と名乗ったかの平将門《たいらのまさかど》を、祀った首塚である。

平将門といえば平安時代中期、関東の下総《しもうさ》を地盤にした豪族である。やがて豪族間の争いに巻き込まれるなかで、武名をなした将門は関東八州を統一。京都の朝廷に敵対する形で新皇を名乗ったが、朝廷が送り込んだ藤原秀郷《ふじわらのひでさと》らに討伐された。

ところがその死後、語るにも恐ろしい将門の怨念伝説が始まるのである。**討ち取られた将門の首は京都の七条河原に晒されたが、怨念のあまり首が突然空中に浮かび、関東のほうへ飛んでいったという。**その首の落ちた場所が現在の丸の内で、そこに首塚が築かれたのである。

丸の内にあって今なお人々を恐れさせる将門の首塚

しかし、十三世紀になると首塚は忘れ去られ、次第に荒廃してしまう。すると将門は江戸の人々に祟りをなしたため、改めて手厚く供養されたらしい。

日本には、古くから恨みを抱いて非業《ひごう》の死を遂げたものは怨霊となって人々に祟ると考える御霊《ごりょう》信仰がある。菅原道真《すがわらのみちざね》や崇徳院が有名だが、将門もその御霊神とみなされ恐れられるようになった。

それは明治以降、江戸幕府が崩壊して江戸が東京に変わっても同じである。

現に、首塚をないがしろにするたびに、祟りとしか思えない事態が起こった。

大正十二（一九二三）年の関東大震災後に、首塚を取り壊して大蔵省の仮庁舎を建てたところ、大蔵省の官僚に怪我や病など不幸が相次いだ。恐れを成した大蔵省は、仮庁舎を壊して毎年鎮魂祭を行なった。

ところが昭和に入ると、日中戦争の激化に伴い、慰霊がおろそかになってしまう。さらに丸の内には企画院や航空局の庁舎が建てられ、再び騒がしさを増していった。

すると、昭和十五（一九四〇）年、**航空局の庁舎に雷が落ち、建物から出火し大火災へと広がった。**その年は将門の没後千年に当たっていたため、人々は将門の祟りに違いないと震えあがったという。

太平洋戦争後も、GHQの計画に基づいて首塚の地を整地していたところ、ブルドーザーの運転手が事故で死亡するなど不幸が続いた。そのため今のように首塚が祀られたという。**今でも丸の内のオフィスでは、首塚の方向に尻を向けることになる机の配置を避けるといわれている。**

◆東京の上に結ばれる「北斗七星状の結界」

この強力な怨念だが、加門七海《かもんななみ》氏の『大江戸魔方陣』によると、実は東京を守ることにも利用されているという。

江戸時代、将門の祟りを恐れた幕府は将門を御霊神として祀り、その呪いを封じ込めようとしたらしい。具体的には神田明神、鳥越《とりごえ》神社、筑土《つくど》八幡《はちまん》神社、兜《かぶと》神社、鎧《よろい》神

将門の呪いを封じ、江戸を守る北斗七星

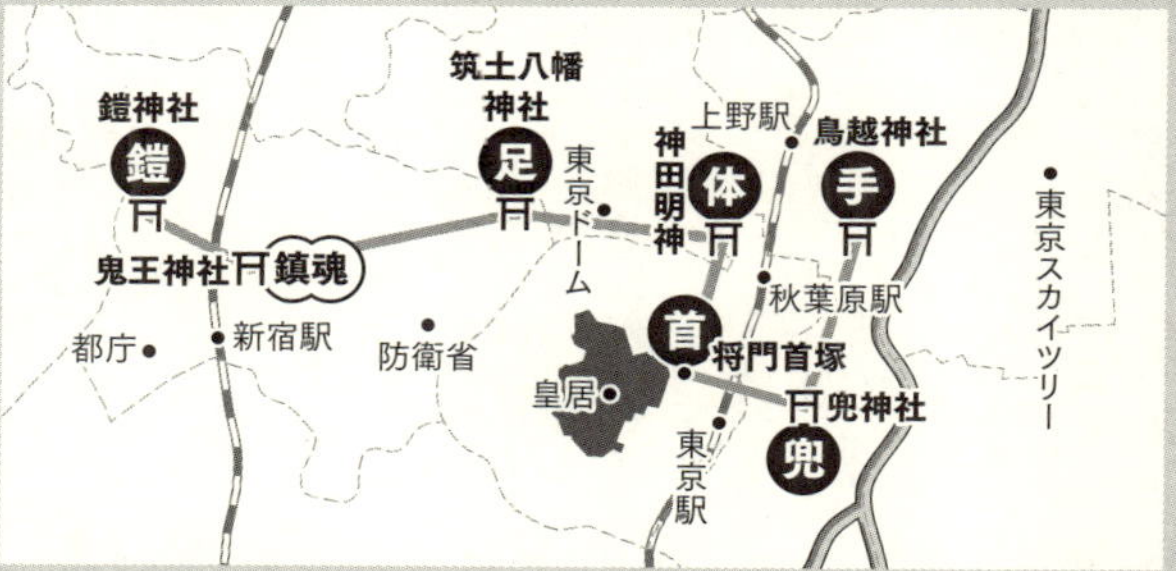

江戸幕府は、江戸各地に点在する将門を祀る神社によって、江戸を守る巨大な結界をつくりだした

社の五社がある。これらは将門のばらばらになった体や持ち物を祀る神社で、首塚同様、将門の霊を慰める役割を持つという。

また、新宿区には幼少の将門を祀り、鎮める鬼王《きおう》神社が鎮座する。

加門七海氏によると、これら七つの地点を結ぶと地図上に北斗《ほくと》七星の絵が描かれるという。

北斗七星は山王一実《さんのういちじつ》神道の天文神の中心。幕府は将門の首や体を祀る場所を北斗七星の配置に祀ることで、**怨念を封じ込め、同時にその霊力を江戸の守護神としても利用した**というわけだ。

現代になってもなお、東京は将門の呪いにおびえる一方、その霊力による結界に守られているのかもしれない。

美濃の地にそびえ立った山城

斎藤道三亡きあとの、岐阜城主の〝相次ぐ非業の死〟

〝美濃《みの》の蝮《まむし》〟と呼ばれた戦国武将・斎藤道三《さいとうどうさん》は、美濃国の守護・土岐頼芸《ときよりなり》の家臣でありながら、頼芸から美濃を奪った人物である。

京都妙覚寺《みょうがくじ》出身の還俗僧《げんぞくそう》という身から、土岐氏の三奉行の一人にまで出世した父の跡を継いだ道三は、天文《てんぶん》四（一五三五）年に土岐頼芸を担いで、美濃国守護土岐頼武《よりたけ》を追放し、美濃国土岐家の実権を握った。

さらに天文二十一（一五五二）年には守護に祭り上げた頼芸を追放し、美濃国を手中にした。

この道三が居城としたのが、もともと稲葉山城《いなばやまじょう》（現在の岐阜城）である。道三は金華山《きんかざん》周辺の地形に目をつけ、当時荒廃していた古城を大々的に改修。堅固な山城へと変貌させた。

長良川《ながらがわ》の流れと、標高三百三十六メートルの金華山の天険に守られた岐阜城は、難攻不落で、攻め込んできた尾張の織田軍を数次にわたり敗走させている。

道三はこの城に十年間住んだのち、近くの鷺山城《さぎやまじょう》へ移った。この移転は、道三が長男の義龍《よしたつ》に家督を譲ったためである。

◆息子に追い詰められ、道三が敗死してのち……

ところが、道三と義龍の折り合いは悪く、弘治《こうじ》元（一五五五）年十一月、岐阜城を去った道三に対して、義龍は義絶を突きつけ、挙兵。親と子の骨肉の争いとなった長良川の戦いで、道三は敗死へと追い込まれてしまう。

かくして蝮と恐れられた道三は無念の死を遂げるが、岐阜城にまつわる負の連鎖が始まるのは、この後のこと。この後、慶長五（一六〇〇）年の**廃城までに義龍を含めて九人が岐阜城の城主を務めたが、そのうちの八人が次々に若くして命を落としているのだ。**

まず、道三を討った義龍は五年後の永禄《えいろく》四（一五六一）年、三十五歳の若さで病死。

義龍のあとを継いだ城主は長男の龍興《たつおき》だが、永禄十（一五六七）年に岐阜城を信長に奪われたのち、刀禰山《とねやま》における織田軍との戦で戦死した。享年二十五だった。

次の城主は龍興から城を奪った織田信長であるが、彼が本能寺の変で無念の死を遂げたのは誰もが知るところだ。

天正四（一五七六）年より岐阜城を任されていた信長の嫡男《ちゃくなん》・信忠《のぶただ》も、本能寺の変に際して妙覚寺で自刃した。

五人目の城主は信長の三男・信孝《のぶたか》だが、柴田勝家《しばたかついえ》と組んで秀吉に対抗したが敗れ、秀吉に自刃を強要され、天正十一（一五八三）年に二十六歳で命を落とした。

信孝のあと、岐阜城の主は池田恒興《いけだつねおき》の長男・元助《もとすけ》となるが、元助は天正十二（一五八四）年、父とともに小牧《こまき》・長久手《ながくて》の戦いに参加するも、二十六歳で戦死。これを受けて元助の弟・輝政《てるまさ》が城主となったが、彼のみが若くして世を去る悲劇を免れた。

その後に岐阜城に入ったのは、秀吉の甥・羽柴秀勝《はしばひでかつ》である。だが、彼も運命からは逃れられず、二十三歳で病死する。最後の城主は、織田秀信《ひでのぶ》である。織田信忠の長男で信長の嫡孫《ちゃくそん》にあたる人物だが、関ヶ原の戦いで西軍に与《くみ》し、東軍の攻撃を受けて降伏。剃髪《ていはつ》ののち高野山で病死した。二十六歳であった。

岐阜城が廃されたのは、この直後のことである。

死と隣り合わせの戦国乱世とはいえ、こうした悲業の死の連鎖には、何か〝見えない力〟を感じざるを得ない。

やはり手塩にかけた岐阜城を誰にも渡すまいとする道三の怨念が城主となった者たちの運命を狂わせた結果なのだろうか？

室町時代の刀工が生み出した鋭い名刀

徳川家を襲い続けた「妖刀・村正」の呪いとは？

一度抜けば人を斬りたい衝動に駆られ、人の血を見るまで鞘《さや》に収まらない……。呪われた妖刀《ようとう》として人々を震え上がらせたのが、「村正《むらまさ》」である。村正とは、室町時代の伊勢国桑名《くわな》において三代にわたり活躍した刀工《とうこう》が生み出した名刀で、もともと切れ味の鋭い名刀として知られていた。

村正が造られた伊勢桑名は徳川家の発祥の地である三《み》河《かわ》に近いため、村正を所持している徳川家の家臣も少なくなかった。本多《ほんだ》忠勝《ただかつ》の「蜻蛉切《とんぼきり》」、酒井《さかい》忠次《ただつぐ》の「猪切」も実は村正の作である。

その名刀が、なぜ一転して妖刀として世間から恐れられるようになったのか――。

それはひとえに、徳川家を襲った「呪い」とも呼べる負の連鎖が原因である。

悲劇は家康の祖父・松平清康《まつだいらきよやす》に始まった。**若くして三河を統一した清康だったが、出陣中、家臣の安《あ》部《べ》弥《や》七郎《しちろう》に誤って斬り殺されてしまう。**敵と勘違いしたとも、父の謀反を疑われたためともいわれるが、そのときの刀が村正だったのである。

さらに十年後、松平家を継いだ**清康の子・広忠も、家臣の岩松八弥《いわまつはちや》の乱心により斬り殺される。**このときも同じく村正の脇差《わきざし》が使われたのである。

家康自身も今川家での人質時代、村正の短刀で指を傷つける体験をしたという。

ところが呪いの連鎖はこれで終わりではなかった。家康は天正三（一五七五）年、織田信長から武田家との内通を疑われた息子の信康《のぶやす》を、切腹に追いやらざるをえなくなる。そのとき信康の介錯に用いられた刀も村正、さらに同様の理由で殺された家康の正室築山殿《つきやまどの》を斬ったのも村正だったとされる。

徳川家に何の恨みがあるのかはわからないが、村正はなんと家康の祖父、父、本人、息子と徳川家四代にわたって次々と凶刃を振るい、その血を吸い取ってしまったのである。

村正がこれほどまでの妖力を持ったゆえんとして、次のような逸話が伝えられている。

初代の刀工・村正は、当時名を馳せていた刀工・正宗《まさむね》の弟子であったが、刀が一向に売れなかった。**彼は師である正宗への嫉妬をつのらせ、打つ刀に怨みを込めていった。**その結果、怨念の籠《こも》った刀が生まれたというのである。

◆今も崇り続ける凶刀

江戸幕府の正史である『徳川実紀』にも、このおぞましい来歴を持つ刀を徳川家康が嫌悪し、**「今後は村正を捨てよ」と命じ破棄されたと**伝えられている。

やがてこの噂が世に広まり、村正は妖刀として畏怖され、大名や旗本《はたもと》の間でも村正を持つことを敬遠するようになった。

逆に徳川家に敵対していた者は、徳川に仇なす村正を好んで所有した。豊臣恩顧の大名・福島正則《ふくしままさのり》、さらに徳川家康打倒を掲げた真田《さなだ》信繁《のぶしげ》も、村正を持っていたという。

一方、家康自身は死ぬまで村正を手元に置いていたとも言われている。村正を邪険に扱うことで、より強く呪われることを恐れたためかもしれない。実際に徳川家所有の村正が、東京国立博物館に所蔵されている。

このように家康をも畏怖させた凶刀だが、実は科学が進歩した現代においても、その呪いが生き続けているとの指摘がある。

並木伸一郎氏の『戦国武将の都市伝説』によると、切れ味を測定する測定器にかけたところ、村正だけいつも数値が一定せず、刀を研いでいるときに誤って手を斬ると、ほかの刀とは違う痛みが走るなどの噂も絶えないという。

秀吉に敗れ、落城とともに自害した
柴田勝家とその家臣の「首なし行列」が城下町に現われる

越前《えちぜん》福井藩の城下町・福井では、つい最近まで、四月二十四日の夜は、早めに戸締まりをして、決して外出しないのが慣わしだったという。地域によっては、二十四日の夜だけでなく、その前後の日も同じように夜の外出を自重していたとされ、人々の怖れようが伝わってくる。そのワケは、この地域に不気味な伝説が語り継がれてきたからだ。

それは、**四月二十四日の夜になると、首のない武者行列が城下を練り歩く**という身の毛もよだつ怪談である。首がないのは武者だけでなく、武者を乗せた馬も同様だ。先頭に、首のない白い馬に乗った大将。そのあとを多くの首のない家臣が続く。

しかも、**この行列を目にした者は必ず命を落とす**といわれ、翌朝、布団のなかで冷たくなっていた者や、一年以内に命を落とした者、その後、行方不明になってしまった者など、目撃者の悲惨な最期にまつわる噂が絶えない。

この伝説が単なる都市伝説にとどまらないのは、首なし武者の身元がはっきりして

毎年4月24日に首のない騎馬武者たちが闊歩するという九十九橋

いるからだ。白馬の大将は、戦国武将の柴《し》田《ば》勝家《たかついえ》。織田信長の重臣で、天正十（一五八二）年六月に信長が本能寺の変で自刃したあと、信長の妹・お市《いち》の方と結婚し、名実ともに織田家を支えた実力者だった。

ところが、羽柴秀吉の巧妙な策略により、織田家の実権は秀吉の手に移る。結局、天正十一（一五八三）年の賤《しず》ケ岳《が》《たけ》の戦いで羽柴秀吉に敗れ、居城である北庄《きたのしょう》城《じょう》に籠城。最後は秀吉の大軍に囲まれ、四月二十四日にお市の方とともに自刃した。

この北庄城があったのが現在の福井城付近である。以後同地では、勝家が自分の命日になると、自ら軍団を引き連れて城下町を徘徊《はいかい》するとの噂がまことしやかに囁かれるようになる。軍団の武者にも勝家同様に首がないのは、彼らもまた落城時に、勝家に従い切腹したからだという。

彼らが現われるのは、秀吉に敗れた無念からか、それともたとえこの世の生が終わっても、北庄は自らの領地であることを誇示するためなのか……。

◆万一、首なし武者を目撃してしまったら……

首なし武者の伝説に関して、江戸時代には次のようなことがあったという。

享保《きょうほう》十七（一七三二）年、表具師の佐兵衛《さへえ》は首なし武者の絵を描こうと、禁をおかして、彼らの姿を見に行き、その姿を絵に残した。佐兵衛は言い伝え通り、翌朝死体で発見されたが、この禁忌をおかしたツケは佐兵衛の命だけではあがなえなかった。

佐兵衛は描いた絵を表具箱に入れていたため、表具だと思い開いて見た武士がいた。武士は、その絵を見るなり、これは不吉だと感じて、すぐに燃やしたのだが、火をつけられた絵はまるで生きているかのようにひらひらと宙を舞い、武士の家やその隣近所に炎を移し、家々を焼き尽くしてしまったという。

だから、四月二十四日夜、福井城付近を徘徊してはいけない。**万一、知らずに首なし武者の一行を目撃してしまったら、「天下の名将、柴田勝家殿！」と叫ぶことが、難を逃れる唯一の方法だという。**

保元の乱に敗れて讃岐に流された

日本史上、最も恐れられてきた「崇徳院の怨霊」の物語

平将門、菅原道真など、人々に祟りを成したという怨霊は数多い。なかでも日本の歴史を通じて最も畏怖されてきたのが、平安時代末期の「崇徳院《すとく》」である。

崇徳院は鳥羽《とば》天皇の第一皇子で、五歳にして即位した天皇である。しかし、出生から、すでに悲劇の宿命を背負わされていた人でもあった。

実は崇徳院は、鳥羽天皇の父（崇徳上皇の祖父）の白河《しらかわ》上皇が鳥羽天皇の妃・待賢《たいけん》門院璋子《もんいんしょうし》と通じてもうけた子だと噂されていた。そのため父帝も崇徳院に冷たく、白河上皇が亡くなるや、崇徳院を天皇の座から下ろし、異母弟の近衛《このえ》天皇を立て、近衛天皇が早世すると、崇徳院とは腹違いの弟にあたる後白河《ごしらかわ》天皇を立てたのである。これでは崇徳院が自身の血脈に皇位を伝える機会を奪われてしまう。

ついに保元《ほうげん》元（一一五六）年、崇徳院は、わが子を皇位につけようともくろんで保元の乱を起こすも失敗。讃岐《さぬき》国に流された。

政治の表舞台を離れ、配流生活を送る崇徳院は、やがて極楽往生《ごくらくおうじょう》を願って写経に専

念するようになる。そして、戦死者の供養にと仕上げた「五部大乗経」を京の寺に納めてほしいと差し出した。そこには、都に戻れないのなら、せめて自分の手跡くらいは残したいという切実な思いが込められていた。

ところが、後白河天皇は「呪詛《じゅそ》が込められているのではないか」と崇徳院の願いを拒否。**切なる願いを拒絶された崇徳院は怒り狂い、自ら舌を嚙み切ると、その血で大乗経に「日本国の大魔縁《だいまえん》となりて人の世を呪う」「この経を魔道に回向《えこう》す」と書き記した**のである。

かくして、日本に仇をなす怨霊へと転じた崇徳院は、髪、爪を伸ばし続け、生きながら天狗のような姿になったという。そして日本を呪い続けたまま、八年後の長寛《ちょうかん》二（一一六四）年に亡くなった。

◆その怨念は没後八百年を経ても続いている――

崇徳院の火葬の際、紫色の煙が固まってじっと谷底を動かなかったという。

また、遺骸を納めた棺から血が流れて台石を真っ赤に染め、火葬の煙は都の方角に流れていったという。

この怪異が合図であったかのように、京都では不幸と凶事が相次いだ。後白河天皇の子・二条《にじょう》天皇が二十三歳で病死。さらに後白河天皇の愛妾、孫の六条院《ろくじょういん》（享年三）、さらに、保元の乱で後白河天皇方についた者などが次々と亡くなっていった。

災いは後白河天皇の周りだけにとどまらない。都の三分の一を焼失する大火が起こり、大極殿《たいごくでん》以下八省を消失。さらに飢饉《ききん》が続き、世は源平争乱の時代へと向かっていく。

いつしか人々は、これらをすべて崇徳院の祟りだと噂するようになった。

近世になっても、江戸幕府が崇徳院の七百回忌を行ない、その慰霊をしていることから、その怨念の強さはおして知るべしであろう。

さらに幕末において孝明《こうめい》天皇は、讃岐から崇徳院の霊を京へと戻し、京都に白峯《しらみね》神宮を創建を命じ、その後まもなく没した。続く明治天皇は創建に当たって、「皇軍に射向い奉る陸奥《むつ》出羽《でわ》の賊徒を速やかに鎮め天下安穏に護り助けたまえ」と宣命し、戊《ぼ》辰《しん》戦争の終結を祈願している。

こうして約七百年ぶりに都へと帰還した崇徳院はようやく怒りを鎮めたかに見えた。だが、昭和三十九（一九六四）年、白峯神宮で催された没後八百年祭において、本殿が突如出火焼失したばかりか、神社が雷雨に襲われたという。

その怨念は、現代になった今も渦巻いているのであろうか。

恋の秀歌を残した歌人

絶世の美女・小野小町が抱いていた「女の苦しみ」とは

京都河原町《かわらまち》二条の法雲寺《ほううんじ》にある菊野大明神《きくのだいみょうじん》は、カップルで訪れると哀しい別れが待っているといわれる。何しろこの**神社のご神体は、平安時代の深草少将《ふかくさのしょうしょう》の叶わぬ恋の怨念が取り憑《つ》いた腰掛け石で、千年経った今もその怨念が消えていないというの**だ。

少将が思いを寄せたのは、絶世の美女と謳《うた》われた小野小町である。平安時代初期の歌人で、六歌仙《ろっかせん》、三十六歌仙にも選ばれた才女とされるが、生没年や出自などほとんどの経歴がわかっていない。

その一方で「花の色は移りにけりないたづらに　わが身世にふるながめせしまに」など、恋の秀歌を多く詠んだことから、「男を惑わす絶世の美女」「男の純情をもてあそぶ悪女」といったイメージを抱かれるようになった。

そうした小町に深草少将は恋し、熱心に恋文を送ったという。しかし、日々寄せられた恋文で塚ができるというほど、小野小町に思いを寄せる男性は多かった。そうした小町にとって、少将は言い寄る男のうちのひとりに過ぎない。
そこで深草少将に「逢いたければ百夜通ってきてほしい」という難題をふっかけたのである。

◆小町を恨み続けた少将は、亡霊となった

小野小町の悲惨な晩年を描いた月岡芳年の錦絵、『卒塔婆の月』(『月百姿』より)

深草少将は、小町への妄執の虜《とりこ》となった。少将は自宅のある深草から小町の邸宅小野随心院《ずいしんいん》まで、約五キロメートルの道のりを、雨の日も雪の日もひたすら裸足で歩いて通い続け、ついにあと一日で想いが叶うという九十九日目。

大雨で増水していた川を渡ろうとしたところ、橋もろとも濁流に流され、命を落としてしまった。

もっとも、この深草少将は戯曲のなかで創作された架空の人物である。だが、叶わなかった少将の想いは、物語を飛び出してさまざまな呪いの伝説を生み出していった。なかでも謡曲には小町が零落《れいらく》し、野ざらしとなるという魔界話を描いたものが多い。

謡曲『通小町《かよいこまち》』は、亡者と化した少将の魔界譚《たん》である。その謡曲に歌われる小町は死んでもなお、男性をもてあそんだ罪の意識に悩まされ、成仏できずに苦しんでいた。そしてある高僧のもとに姿を現わし、菩提を弔《とむら》ってほしいと願った。

僧が小町の霊を弔おうとすると、今度は少将の亡霊が現われて、恋の恨みつらみを語り、小町の成仏を妨げるという内容である。

『卒塔婆《そとば》小町』では少将の恨みはもっと執念深い。恋の亡者となった少将は、年老いて身よりもなく各地を放浪する小町に取り憑き、「小町のもとへ通おう、人恋しや」と歌いながら狂乱させたと伝えられる。

山陰の名城

松江城の天守に現われる〝謎の美女〟の正体

島根県、宍道湖《しんじこ》湖畔の亀田山に築かれた松江城《まつえじょう》は、関ヶ原の合戦後に出雲《いずも》・隠岐《おき》二十四万石に封ぜられた堀尾吉晴《ほりおよしはる》が五年の歳月をかけて完成させた山陰の名城だ。

完成当時のまま残る天守は国宝に指定され、天守正面中央上の入母屋破風《いりもやはふ》と呼ばれる三角屋根が、まるで千鳥が羽を広げたように見えることから千鳥城《ちどりじょう》とも呼ばれる。

実に美しい松江城の天守だが、この天守には気味の悪い伝説が残る。

吉晴による築城は慶長《けいちょう》十二(一六〇七)年に始まった。工事は順調に進んだが、天守の土台だけがどうしても固まらない。困った吉晴が対策を検討するために家臣を集めて評定を開いたところ、一人の家臣が**「処女を選んで人柱にするとよい」**と提案したのである。そこで慶長十五(一六一〇)年夏、二の丸に城下の人々を集めて盛大な盆踊りを開くことになった。人柱の人選をこっそり行なおうというわけだ。

不幸にして選ばれたのは、城下の商人、小倉屋伝兵衛の娘・小鶴《こづる》。ひときわ声が麗《うるわ》しい美女だったという。

有無をいわさず拉致された小鶴は、人柱として生き埋めにされた。すると、地盤はしっかりと固まり、見事な天守が完成したのである。

◆新たな松江城主を、天守で出迎えたのは……

しかしその後、松江城では奇妙なことが起き始めた。**盆踊りを行なうと、誰もいない天守が不気味に鳴動するようになった**のである。人々は怨霊だ、祟りだと騒ぎ、それ以降、松江城内はおろか、周辺地域での盆踊りも禁止となったのである。

松江城ではさらに不幸が続いた。慶長九（一六〇四）年に二十八歳の若さで急逝した吉晴の子・忠氏《ただうじ》の跡を継いだ孫の忠晴《ただはる》は奇行が目立ち、家中の者を困惑させた。あげく、世継ぎのないままに寛永《かんえい》十（一六三三）年九月に病死。堀尾氏は断絶してしまう。しかも不幸の連鎖は堀尾家にとどまらず、その後に松江城主となった京極忠高《きょうごくただたか》も世継ぎに恵まれないままわずか在城四年で病没。京極氏までもが後嗣がないことを理由に領地を除かれてしまったのだ。

こうなると、松江城主となる人物が、この城には何か不吉なことが起きる原因があると考えるのが当然である。

松江城の天守は、毎年盆踊りの日になると不気味に揺れたという

　実際、京極氏の後、新たな松江城主となった松平直政《まつだいらなおまさ》は、城に入るや、城中を検分した。

　さまざまな場所を検分し、天守にも足を運んだ直政は、**天狗《てんぐ》の間でひとりの美女と出会った。すると美女は「この城は私のものだ」と言うではないか。**しかし、直政はひるまなかった。

「このしろ（鰶《しろ》）がほしければ、漁師に取らせてやろう」

　と、実にシャレの利いた答えを返したのだ。すると、この〝オヤジギャグ〟が効いたのか、謎の美女は忽然と姿を消した。直政は早速天守の下にある荒神櫓《こうじんやぐら》に鰶を供え、以後、これを欠かさなかったという。

日本三大山城・岩村城

甥である織田信長に殺された、女城主・おつやの方の怨念

岐阜県恵那《えな》市に、日本三大山城のひとつに数えられる岩村城《いわむらじょう》がある。標高七百十七メートルに位置し、本丸周辺の壮大な石垣の遺構がまるで遺跡を思わせることから、東洋のマチュピチュとも呼ばれる。

岩村城は、標高が高いゆえに霧が生じやすく、しばしば霧によって城の姿が隠された。また、**この城にある霧ヶ井《きりがい》は、城内秘蔵の大蛇の骨を投げ入れると、霧を発生させて城を覆《おお》ったという**。敵が襲ってきたときは、霧で城の姿を隠し、城を守ったのである。こうした逸話から、岩村城は別名「霧ヶ城《きりがじょう》」とも呼ばれている。

その岩村城には、無念の死を遂げた城主の呪いで、織田信長が命を落としたという伝説がある。**呪いをかけたのは、信長の叔母にあたるおつやである**。おつやは、岩村城の城主遠山景任《とおやまかげとう》の妻だったが、夫を元亀《げんき》三（一五七二）年八月に失ったあと、城主として城を預かっていた。彼女はまだ若く、美しい女性だったという。

おつやは信長の五男・御坊丸《ごぼうまる》を養子に迎え、対武田の最前線にあって岩村城を守っ

霧を生じさせて城を守ったという「霧ヶ井」(写真提供:恵那市観光協会岩村支部)

ていたが、元亀三(一五七二)年十月、そこへ武田軍が攻め寄せる。攻め手は信玄の家臣・秋山信友《あきやまのぶとも》(虎繁《とらしげ》)率いる三千の軍勢であった。

岩村城跡のホームページによると、迎撃体制を整える岩村城に対し、信友が送ってきた使者が驚くべき降伏条件を提示する。なんと、「おつやが信友と結婚して城を明け渡し、御坊丸を二人の養子にして家督を譲れ」というのである。

おつやは大いに悩んだ。援軍到来が見込めない状況下、城を守り抜くことは難しい上、城下町は武田軍に荒らされ放題だ。このままでは家臣も領民も守ることはできない。ついにおつやは決心し、信友との結婚を承諾したのである。

◆「織田家を一代で滅ぼしつくす」——呪いの言葉が現実に！

信友とおつやの結婚により、岩村城は無血開城した。家来たちも血を流すことなく、平和裏に戦は終わったのだ。しかし、おつやにはひとつ誤算があった。**信友が御坊丸を人質として甲府に送ってしまったのである。**

これを知った信長は激怒した。東美濃の重要拠点である岩村城をあっさり武田方に奪われた上、息子まで人質にされてしまったのだから、無理もない。

その怒りが一気に噴き出したのが、天正三（一五七五）年五月の長篠《ながしの》の戦いだった。これにより武田勝頼《たけだかつより》の軍が敗退すると、パワーバランスは一気に織田方へと傾き、その勢いに乗って、同年六月、信長が嫡子・信忠《のぶただ》を大将とする大軍を岩村城へ向けたのである。岩村城は半年近くの籠城に耐えたが、十月、ついに陥落。信友とおつやは捕らえられ、逆さ磔《はりつけ》にされて殺された。

最期におよんで、おつやは泣き叫び、「叔母である者に、この非道の仕打ちは何事か！」と信長をなじり、「**わが怨念によって織田家を一代にして滅ぼしつくす**」と呪いを吐いて果てたという。信長が本能寺の変で命を落としたのは、それから七年後のことである。その後、織田家がたどった運命は、誰もが知るところである。

"三成にすぎたるもの"と歌われた城

関ヶ原で敗れたのち——石田一族の怨念が渦巻く城

石田三成が居城としていた佐和山城《さわやまじょう》は、琵琶湖の東岸で中山道《なかせんどう》と北国《ほっこく》街道が合流する交通の要衝にあり、"三成にすぎたるもの"と流行り歌になったほどの名城だった。

だが慶長五（一六〇〇）年九月十五日の関ヶ原の戦いで三成率いる西軍が敗れると、佐和山城は東軍の軍勢に包囲される。城を守っていた三成の父である正継《まさつぐ》と兄の正澄《まさずみ》は、**「開城して切腹すれば城内の者たちの命は助ける」**という家康の勧告を受け、これに応じようとしていた。

ところが十七日、この交渉を知らずに功を焦った徳川方の軍勢が、城内の警戒がゆるんだのを好機と見て突入を開始してしまう。最初に水の手口門を破ったのは田中吉政《たなかよしまさ》の軍で、それに続いて大手口からなだれ込んだのは小早川秀秋《こばやかわひであき》の軍だった。

とくに小早川秀秋は、関ヶ原の戦いの最中に東軍へ寝返って、西軍崩壊のきっかけをつくった人物である。彼のほかにもこの城攻めには朽木元綱《くつきもとつな》、脇坂安治《わきざかやすはる》、小川祐忠《おがわすけただ》、赤座直保《あかざなおやす》と小早川の寝返りに呼応した武将たちが加わっている。彼らの寝返りが、東軍の勝因となったわけだが、徳川方のなかでは彼らはあくまで〝寝返ってきたよそ者〟であった。そうした立場を挽回《ばんかい》するべく、必死の猛攻を仕掛けたのだ。

結果、佐和山城はまもなく陥落。石田一族は武士として格式ある切腹をできずに乱戦のなかで敗死したとされる。

天守が炎上すると、城中の女たちも城の前にある鳥居本《とりいもと》の断崖から谷に身を投げ、阿鼻叫喚《あびきょうかん》の世界が繰り広げられた。死にきれない女のうめき声、泣き声が、三日三晩続いたという。

◆佐和山城に入った武将たちの〝悲惨なその後〟

以来、雨の降る夜は谷から女たちのすすり泣く声が聞こえるようになる。こうしてこの谷は**女郎谷《じょろうだに》**と呼ばれるようになった。

落城の翌年、三成の佐和山城は井伊直政《いいなおまさ》に与えられた。しかしまもなく、直政は関ヶ原の戦いで負った傷がもとで死亡。この死は城内にこもっていた兵士たちと女郎谷の女たちの怨霊の祟りと噂された。

祟りのせいとは限らないが、佐和山攻めに加わった将たちのその後も芳《かんば》しくない。

佐和山城に最初に踏み込んだ田中吉政は、筑後《ちくご》に封じられ、四男の忠政《ただまさ》が跡を継い

関ヶ原の戦いのあとに攻め落とされた佐和山城址

だが、嗣子《しし》がなかったため改易《かいえき》となった。

小早川秀秋は、その功績を家康に認められて備前岡山《びぜんおかやま》の領主となった。だが、その二年後にこれも嗣子がないまま急死した。酒色に溺れたとも、西軍の将・大谷吉継《おおたによしつぐ》の亡霊に取り憑かれて狂死したとも伝えられている。

また、小川祐忠、赤座直保は戦後所領を没収されている。

井伊家は新たに彦根城を築いて佐和山を去ったが、このとき佐和山城の建物は取り払われ、彦根城をはじめとする建築物の部材となった。この時代、破却した城の資材をほかの場で用いることはよく行なわれており、佐和山城も徹底して破壊された上で、姿を消した。

「宗吾様」と慕われる、農民の神

将軍に直訴した義民、佐倉惣五郎の〝尋常ならざる祟り〟

千葉県佐倉市には鳴鐘山東勝寺宗吾《めいしょうざんとうしょうじそうご》霊堂《れいどう》がある。約十万平方メートルの広さを誇る境内を持ち、年間の参拝者は約二百五十万人にもおよぶ有名な霊場だ。

もとは桓武《かんむ》天皇の時代、征夷大将軍 坂上田村麻呂《さかのうえのたむらまろ》が房総を平定した際に、戦没者供養のために建立された寺院なのだが、この寺院ではもう一人、実に意外な人物が祀られている。

江戸時代、公津《こうづ》村《むら》（現在の成田市）の名主《なぬし》だった佐倉惣五郎《さくらそうごろう》である。

名主とはいえ、惣五郎は農民である。その惣五郎が、今では「宗吾様」と呼ばれて手厚く祀られ、しかも、境内の宗吾《そうご》御《ご》一代記《いちだいき》館《かん》では、その生涯が人形パノラマで展示されているという持ち上げぶりである。

なぜ農民が敬《うやま》われているのか？　その理由には、惣五郎の祟りが大きく関係している。

時は徳川四代将軍・家綱《いえつな》の治世の頃。佐倉藩は農民に重い税をかけていた。あまりの苦しさに名主たちは藩に年貢減免の嘆願《たんがん》を繰り返していたが、家臣たちによって無視され、藩主・堀田《ほった》正信《まさのぶ》の耳には届かず、何ら改善されなかった。

◆農民を救うため立ち上がった男が、なぜ処刑された？

あまりの苦しさに、一人立ち上がったのが惣五郎だった。わが身の危険もかえりみず、江戸へ上り、**家綱が上野寛永寺《かんえいじ》に参詣した折、将軍の輿《こし》の前に出て、訴状を差し出した**のである。

武士の世とはいえ、幕府も民政にはそれなりに気を遣っていたから、惣五郎の訴えを聞き入れ、藩主の正信を呼び出して、叱責した。

正信はその後、農民たちの訴えを聞き入れなかった家臣を叱責し、租税の減免を命じた。

ところが、家臣たちは納得しない。将軍に直訴した惣五郎を恨み、あることないこと藩主の正信に讒言《ざんげん》したのだ。

その言葉をすっかり信じた正信は、惣五郎の処刑を決定。妻と四人の息子まで連座させたのだ。

息子たちが殺される光景を見せられたあとで処刑された惣五郎とその妻は、「堀田家を滅ぼさずにおくものか！」と恨みの言葉を叫びながら息絶えたという。

それからというもの、佐倉藩の内部では不気味な現象が連続した。**惣五郎の怨霊が藩内を徘徊し、白昼にも玄関先に磔柱《たっちゅう》を背負った怨霊が現われる**始末。妊娠中だった藩主夫人は悶死し、正信自身も改易《かいえき》されてしまう。

その後、正信は四代将軍家綱に殉じ、鋏《はさみ》で心臓を突き、五十歳でこの世を去っている。

それからおよそ百年後の延享《えんきょう》三（一七四六）年、正信の弟の子孫である堀田正亮《まさすけ》が佐倉藩の藩主となったが、佐倉藩に入った途端、正亮は毎晩、惣五郎の怨霊に悩まされた。毎晩、磔柱を背負い、脇腹を血に染めた惣五郎が現われるというのだから、たまったものではない。

この怨みを鎮めるために正亮は惣五郎に「宗吾《そうご》道閑居士《どうかんこじ》」の法号を与え、一社を建立したのである。

以後、この惣五郎の話は、誇るべき義民の逸話として、佐倉藩のみならず日本全国へと広まった。

現在、惣五郎を祀る神社は、北は秋田県から南は熊本県まで、実に二十数カ所にもおよんでいる。

四国統一を成し遂げた名家

長宗我部家の「お家騒動」が生み出した、七人の怨霊

土佐の国主である長宗我部《ちょうそかべ》元親《もとちか》は、天正十三（一五八五）年に四国統一を成し遂げた。ところが四国の覇者となったその翌年、秀吉の攻撃を受けて降伏。土佐一国へ押し込められてしまう。さらに、豊臣秀吉に従って九州に出陣した際には、長男の信親《のぶちか》が豊後《ぶんご》戸次川《へつぎがわ》の戦いで討ち死にするという不幸にも見舞われた。

元親には四人の男子がいたが、次男の親和《ちかかず》と三男の親忠《ちかただ》は、それぞれ讃岐の香川氏と土佐の津野《つの》氏の養子となっていたため、四男の千熊丸《ちくままる》に家督を継がせようと考え、評定を行なった。

これに異を唱えたのが、長宗我部一族の重臣、吉良親実《きらちかざね》と比江山親興《ひえやまちかおき》である。次男の親和は養子に出たものの、その香川氏がつぶれて浪人の身となっていたため、長幼の順からいっても親和を跡継ぎにすべきだと進言したのである。

また元親は、亡き長男の信親の娘を千熊丸に娶《めと》らせようと考えていたが、吉良と比江山は、叔父と姪の結婚はよくないと、これにも反対した。千熊丸かわいさに目がく

らんでいた元親は、ひどく不機嫌になって評定の席を立ってしまった。

これに付け込んだのが、かねてから吉良親実と反目していた久武親信《ひさたけちかのぶ》である。親信は元親の歓心を買って自分の勢力を伸ばそうと、「吉良親実と比江山親興をこのまま許しておいては御家の一大事を招きます」と事あるごとに元親に讒言を行なった。

これを信じた元親は、天正十六（一五八八）年、吉良親実と比江山親興に切腹を命じた。憤激した親実は、**「主家の衰運は明らかである」と腹を掻き切ると、腸をつかみ出して投げつけて死んだ**という。さらに、親実に従っていた七人の武士たちも次々に斬られて非業の死を遂げたのである。

◆どこにでも現われる七人の怨霊

この後、長宗我部家の本拠である岡豊《おこう》城下では無気味な出来事が次々に起こるようになった。

親実の屋敷跡や墓のあたりには、夜な夜な鬼火が現われ、首のない武士たちが白馬を駆って疾走するようになった。人々はこれを、憤死した親実と親興、そして親実に殉じた腹心七人の祟りだと恐れおののいた。

怪異は城内にも出現した。月夜の晩には、吉良と比江山の旗印をつけた軍兵が城門から風のように城内に侵入し、そのまま通りすぎていったという。そのため、見張りの兵たちまで気味が悪いと怯えるようになった。

いつしか怨霊は**「七人みさき」**と呼ばれるようになった。「七人」というのは吉良一門の七人で、吉良のことは恐れて数に入れず、比江山も数えられていない。「みさき」とは、人が死んでなる神で、怨霊のことだという。

七人みさきに遭遇した者は、その日から高熱を発してうわ言を口走り、急死するという。

讒言をした久武親信の子どもたちも精神に異常をきたして次々に死んでいき、親信の妻も悲嘆のあまり自害して果てた。

怨霊を恐れた人々は、吉良親実と比江山親興を神として祀り、その怒りを鎮めようとした。高知市にある吉良神社は、吉良親実を祀った神社である。

だが、その後も土佐では、城下ばかりでなく農村や漁村にまで七人みさきが現われるようになった。いつしか「七人みさきは人間をひとり殺すと先頭の者が成仏できるが、殺された者が加わるため常に七人である」とも言われるようになり、今も恐怖の対象となっている。

小田原征伐の〝見せしめ〟にされた

豊臣秀吉の軍に征圧された「八王子城」に今なお幽霊が出る……

東京八王子の山中に残る八王子城跡には、幽霊が出るという噂が古くから聞かれる。真偽は定かではないが、四百三十年近く前にこの城で発生した惨劇を振り返ると、さすがに冗談ではすませられなくなるだろう。

天正十八（一五九〇）年、豊臣秀吉は天下統一の総仕上げとして、二十万の大軍を動員し、関東地方へ攻め込んだ。小田原征伐である。

関東を支配する北条方の支城は、その多くが、圧倒的な軍勢の前に次々と降伏したが、険しい山中に築かれた八王子城では、城主の北条氏照《ほうじょううじてる》が寡兵ながら、徹底抗戦を決意して豊臣軍の到来を待ち受けたため、逃げ込んできた近隣の住民や兵の家族もあわせ三千人ばかりがこもっていた。

降伏勧告を拒絶後、その八王子城に迫ったのは、前田利家、上杉景勝、真田昌幸など名だたる武将が率いる一万五千もの豊臣の大軍であった。

六月二十三日、深い霧が立ち込める深夜を狙って、豊臣方の軍勢は総攻撃を開始した。

八王子城は、何層も城郭が取り巻く堅固な守りだが、兵士が少ない上に不意を突かれ、大混乱に陥った。

城はわずか一日で落城し、城の内外には数え切れない死体が転がっていた。文字通り皆殺しである。とくに、追い詰められた女性たちが身を投げたという御主殿滝《ごしゅでんのたき》の周辺には、数多くの死体が積み重なり、川へと流れる水は三日三晩の間、赤く染まっていたという。

これほど苛烈な城攻めが行なわれたのは、八王子城を血祭りにあげることで、本城小田原に圧力をかける見せしめのためであった。

小田原征伐が終わった後、八王子城は廃城になったが、まもなく怪異が続発するようになる。**「下り坂」という場所では、夕暮れ時に武者の首が追いかけてきたり、「月夜の峰」という場所では人馬の怒号が聞こえてきた**という。

ほかにも、周辺ではすすり泣く声や武士たちが歩き回る姿を目撃するなどの怪異が相次ぎ、近くの村人たちは恐れて近づかなかった。現在もそうした現象は報告されており、四百年以上の時が過ぎても犠牲者の念が渦巻いているようだ。

第6章

とんでもない能力を持った「超人」にまつわる伝説

日本初の憲法をつくった

聖徳太子は〝未来への予言〟を残していた！

聖徳太子といえば、推古《すいこ》天皇の摂政《せっしょう》となり、「冠位十二階」や「憲法十七条」などを定め、日本の礎《いしずえ》を築きあげた人物として知られる。推古十五（六〇七）年には遣隋《けんずい》使《し》を派遣して、隋との間に対等な外交を成立させるという業績も残している。

その一方で、幼いときに自らを中国の慧思《えし》禅師の生まれ変わりであると宣言した、十人の話を一度に聞くことができたといった、超人的な逸話も枚挙に暇《いとま》がない。

さらには、未来を見通す予言者としての能力も有していたという。

延喜《えんぎ》十七（九一七）年成立の伝記『聖徳太子伝暦《でんりゃく》』によると、自分の死や息子一族である上宮王家《じょうぐうおうけ》の滅亡などの身近な未来はもちろん、二百五十年後に太秦《うずまさ》に寺院（広《こう》隆寺《りゅうじ》）が造営されること、三百年後に都がつくられることなどを予言したとある。

太子の予言は、それだけにとどまらない。実は、太子の建立とされる大阪の四天王寺には、**太子が著わした『未来記《みらいき》』という巻物**が伝わる。

ここにはなんと保元・平治の乱、鎌倉幕府の武家政治の始まり、承久《じょうきゅう》の乱、南北朝

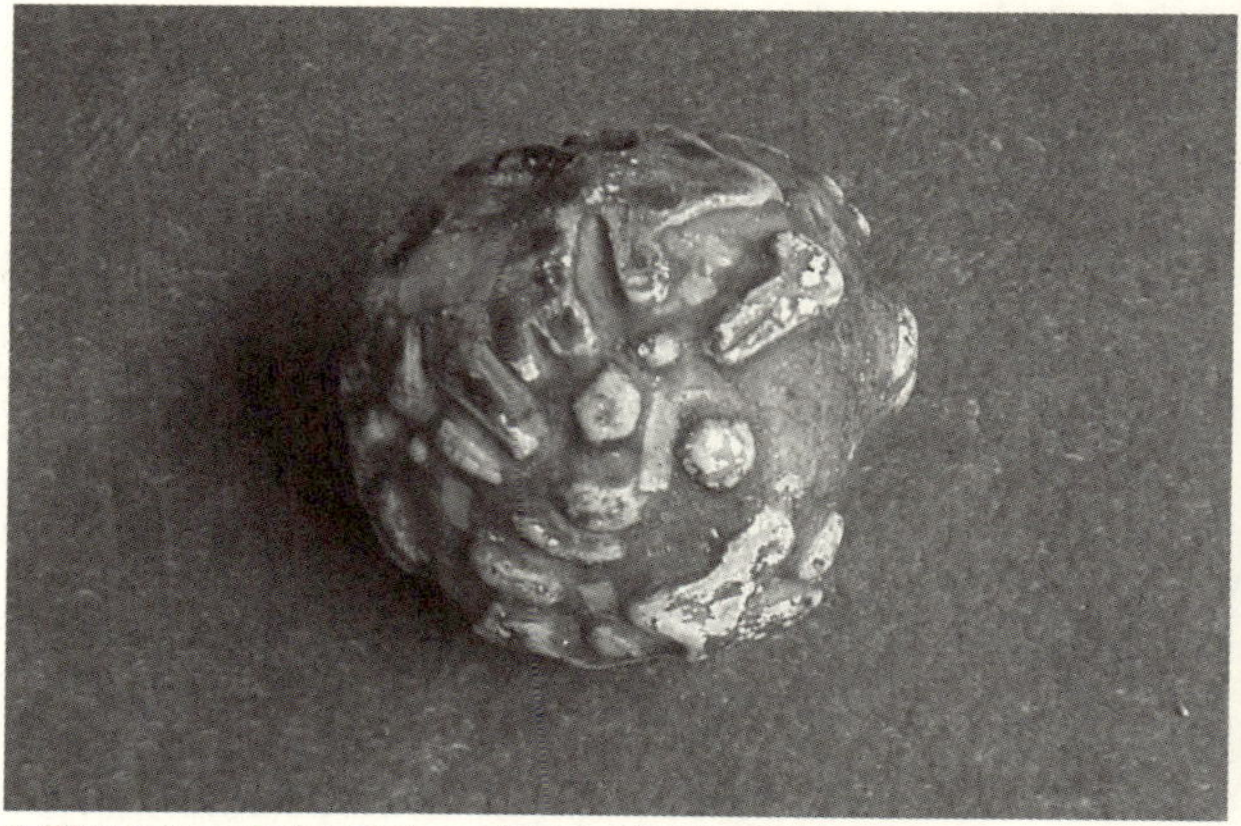

斑鳩寺に伝わる、聖徳太子がつくったとされる「地中石」（写真提供:斑鳩寺）

時代の到来などといった重要な日本の歴史についての予言が記されているのである。

たとえば「八十六代の時、東夷《とうい》来る。王を泥して国を取る」という一節は、八十六代の仲恭《ちゅうきょう》天皇のとき、後鳥羽上皇が中心となった朝廷側が、東夷である鎌倉幕府の倒幕を企図するも敗れた、承久の乱を予言したもの。

そして「九十五代に当たり、天下一乱して、主安からず」という一節は、南北朝の争乱を予言しているという。

また、楠木正成《くすのきまさしげ》はこの『未来記』の「逆賊がはびこって日本は乱世になる」という予言を読み、鎌倉幕府打倒を決意したとされるなど、後世にも重大な影響を与えたのである。

◆聖徳太子が残した〝地球を模した球体〟

この予言能力を駆使したのだろうか、聖徳太子は未来の地球儀までつくっていたとされる。兵庫県揖保郡太子町《いぼぐんたいしちょう》にある太子ゆかりの斑鳩寺《いかるがでら》には、聖徳太子がつくったといわれる謎の球体が所蔵されている。

それは「地中石」と呼ばれている物体なのだが、**聖徳太子の時代には知られていたはずもない地球の姿が再現された地球儀**なのだ。表面には大陸を表わしているかのような凸凹が刻まれ、南極大陸や伝説のムー大陸と思《おぼ》しきものまで表わされている。

そもそも、地球が丸いという事実が西洋で定着したのは今から五百年前にすぎない。また、南極大陸に至っては、今から二百年前に発見された大陸だ。聖徳太子の時代に、誰も知りようがなかったはずの地球の形や大陸などが、巧みに再現された地球儀がつくられていたのである。

この地球儀については、聖徳太子の時代のものではなく、江戸時代に外国からの知識をもとにつくられたものだとする説もあるが、江戸時代以前の宝物の記録にすでに「地中石」の名前があり、ますます謎が深まるばかりだ。

鎌倉幕府を支えた尼将軍

北条政子を導いたのは〝夢からの知らせ〟だった？

尼将軍の異名を取り、夫・源頼朝亡きあとの鎌倉幕府の実権を握った北条政子。

息子・源頼家《よりいえ》が外祖父の比企《ひき》能員《よしかず》の傀儡《かいらい》となりかければこれを幽閉して排除し、父・北条時政《ときまさ》が後妻の牧の方の言いなりとなって権力掌握をはかればこれを引退に追い込んだ経歴からは、冷徹なリアリストの雰囲気が伝わってくる。しかし、実は彼女には不思議な逸話がいくつも伝えられている。

なかでも有名なのが、天啓を受け、その予知を信じて自分の運命を切り開いた**「夢買い」**の伝説である。

政子の妹・時子《ときこ》がある夜、奇妙な夢を見た。険しい山道を登っている夢だが、なぜか着物の袂《たもと》に太陽と月が入っており、しかも頭には橘《たちばな》の実があった。不安に思った時子は、姉の政子にすぐに夢の話をしたのである。

それを聞いた政子は、すぐにそれは吉夢だと直感した。そこで政子は、**「それは不吉な夢に違いありません。でも、そういうときは、誰かに夢を売ると災いを避けられ**

ると聞きます。大丈夫。私がその夢を買ってあげましょう」と時子に言い、鏡と衣を渡した。すると、その晩、政子は白い鳩が金の箱を咥《くわ》えてやってくる夢を見た。翌朝、伊豆に流されていた源氏の御曹司・頼朝からの恋文が届き、政子は憧れていた頼朝と結婚することができたのである。

さらに、政子が受けた天啓が幕府を危機から救ったこともある。承久《じょうきゅう》三（一二二一）年、後鳥羽上皇が鎌倉幕府打倒を企図して北条義時《よしとき》追討の院宣《いんぜん》を下した際、政子は天《あま》照大神《てらすおおみかみ》の夢を見たという。

天照大神は「**そなたが私の化身となり、京の輩《やから》を討て**」と言ったとも、「私は天照大神である。戦が起こるが、太平の世を望むなら私を崇めなさい」と言ったとも伝わる。

政子はすぐに、この戦は天照大神の加護を受けることができると信じた。夢のお告げの通りに使者を伊勢神宮へ派遣すると、御家人たちに向かっては、自信をみなぎらせながら「そなたたちが頼朝公から受けた御恩は、山よりも高く海よりも深い。上皇を恐れずに、亡き頼朝公の恩に報いよ。正義はこちらにある」と檄《げき》を飛ばしたのは有名だ。

かくして幕府軍はこの乱に勝利して全国にその支配を行き渡らせたのである。

戦国末期のあの剣豪

宮本武蔵、姫路城の天守に住む妖怪退治に挑む！

松本城、彦根城、犬山城、松江城とともに、国宝に指定されている姫路城。外壁に白漆喰《しろしっくい》を用いた天守を中心に、無数の曲輪《くるわ》が連なるその美しい姿は、白い鷺が翼を広げる姿にたとえられ、「白鷺城《しらさぎじょう》」とも呼ばれる。

その姫路城には、その優美な外観からは想像できないさまざまな謎や不思議な伝説が残っている。そのひとつが、**剣豪・宮本武蔵が天守に住まう妖怪を退治したという**話だ。

時代は、第十七代姫路城主の木下家定《きのしたいえさだ》が播磨《はりま》を治めていた天正末年か慶長初年頃のことである。当時、姫路城の天守に妖怪が現われると恐れられていた。

このとき、妖怪退治に立ち上がったのが、滝本又三郎《たきもとまたさぶろう》と名を変えて滞在していた宮本武蔵である。

ある日の夜中の二時頃、武蔵は灯を手に、ひとり天守の階段を登っていった。すると三階の階段に差しかかったところで、突然激しい火炎が噴き降りてきたかと思うと、

轟音とともに、狐とも猫ともつかぬ妖怪が襲ってきたではないか。

しかし、武蔵はひるまない。すぐさま腰の刀に手をかけると、異変は収まり、もとの静けさに戻った。そこで、さらに階段を上がると、またも火炎と轟音とともに化け物が襲ってくる。武蔵は再び刀に手をかける。こうして、武蔵は天守の最上階まで達し、そのまま明け方まで妖怪が現われるのを待った。しかし、いつの間にかついウトウトと眠ってしまう。

すると、どこからともなく十二単《じゅうにひとえ》の美しい姫が現われ、**「我こそは姫路城の守護神、刑部明神《おさかべみょうじん》である。今宵、その方の太刀に恐れをなし、妖怪は逃げた。礼を言う」**と述べると、白木の箱を差し出し、そのままスーッと消えてしまった。

箱のなかには、刀工・郷義弘《ごうのよしひろ》の手による業物《わざもの》が入っていたという。

武蔵が家老に事の顚末《てんまつ》を述べて、業物を差し出すと、それは木下家の家宝で、以前何者かによって盗まれたものだったために、武蔵こと又三郎に嫌疑がかけられたが、又三郎が実は天下の剣豪・宮本武蔵だったとわかり、疑いが解けたという。

姫路城の天守の最上階には、武蔵に業物を送ったとされる城の守護神「刑部明神」が祀られている。姫路城が今も無事に当時の姿をとどめているのは、この刑部明神のおかげなのかもしれない。

◆姫路城に届いた"天狗からの手紙"

姫路城には、宮本武蔵の妖怪退治伝説以外にも、数多くの不思議な伝説が残っており、「姫路城の七不思議」として伝えられている。

たとえば、毎夜、城内の井戸から皿を数える声が聞こえてくるという「播州皿屋敷《ばんしゅうさらやしき》」の伝説がある。永正《えいしょう》元（一五〇四）年頃、城内の内紛に巻き込まれ、井戸に投げ落とされた侍女・お菊が夜な夜な皿を数えるといわれ、井戸は現在も保存されている。

また、徳川家康の孫で、豊臣秀頼《ひでより》の妻となり、大坂城落城後には姫路城主・本多忠政《ほんだただまさ》の嫡男・忠刻《ただとき》と再婚した千姫《せんひめ》にまつわる伝説も語られている。千姫の子どもが早世するのは、秀頼の怨霊のせいだといわれた彼女は、怨霊退散の祈禱をし、比叡山延暦寺《ひえいざんえんりゃくじ》の第十三代座主《ざす》だった法性坊《ほうせいぼう》僧正作の天満大自在天神《てんまんだいじざいてんじん》を守り本尊として祀った。

ほかにも、慶長十四（一六〇九）年には、「城主の池田輝政《いけだてるまさ》とその妻に悪霊が呪いをかけている。命が惜しければ神仏に祈願し、城の鬼門《きもん》に八天塔《はちてんとう》を建てて、善政を行なえ」と書かれた書状が天狗から送られてきたという伝説もある。

このように、世界遺産姫路城は奇妙な伝説の宝庫なのである。

平安時代、天皇の怒りを買った官僚

小野篁は、毎夜地獄へ行って、閻魔庁で働いていた!?

京都市東山区にある六道珍皇寺《ろくどうちんのうじ》の本堂背後の庭に、「小野篁《おののたかむら》冥土通《めいど》いの井戸」と名付けられた古い井戸がある。

実は、この井戸は、**平安時代初期に小野篁という人物が夜な夜な冥土に通っていた井戸**だという伝説があるのだ。

小野篁は官僚であると同時に、詩人・歌人としても名高く、武芸にも秀でた人物だったと伝えられている。そうした完璧主義が影響してか、一方で自己主張が激しく、遣唐副使に命じられた際には、割り当てられた船が気に食わず、正使の藤原常嗣《ふじわらのつねつぐ》と喧嘩して乗船を拒否。これが嵯峨《さが》上皇の怒りに触れて隠岐に流されたという経歴もある。

こうしたふるまいから、彼は「野狂《やきょう》」とも呼ばれていた。

その小野篁の副業が閻魔庁《えんまちょう》の役人。**昼間は官僚として働き、夜には、毎晩、閻魔庁に赴いて、閻魔大王のもとで職務に従事していたという。**その閻魔庁への通勤に使われていたのが六道珍皇寺にある冥土通いの井戸だったというわけである。

ただ、珍皇寺の井戸は出勤のための限定ルートだったようで、帰り道に使ったとされる「黄泉《よみ》がえりの井戸」は、六道珍皇寺に隣接する旧境内の地に伝わる。

十二世紀に成立した仏教説話集『今昔物語集《こんじゃく》』には、篁が閻魔庁役人として働いていたときのエピソードが書かれている。

それによると、学生時代に過失を犯した篁を助けてくれた宰相・藤原良相《よしみ》が病死した際、閻魔大王の前に良相が引き出され、居並ぶ役人の前で生前の罪を吟味《ぎんみ》されることになった。そのとき、役人のひとりとして居合わせたのが篁で、彼が**「この者は心正しく親切なので許してやってほしい」**と弁護したことで良相は赦《ゆる》しを得て、この世に戻ることができたという。

また、大和《やまと》国矢田寺《やたでら》の満慶《まんぎょう》上人は、篁の紹介で冥界へおもむいて閻魔大王に会い、現世に戻ったあと、地獄で出会った地蔵菩薩の姿を刻み、矢田寺に安置したとも伝えられている。

◆あの世とこの世の分岐点「六道の辻」

では、なぜ篁が六道珍皇寺の境内にある井戸から冥界へおもむいていたという伝説が生まれたのか？

それは、六道珍皇寺のある場所が、平安時代から「あの世」と「この世」の分岐点にあたる場所とされてきたからだろう。

六道珍皇寺の門前に「六道《ろくどう》の辻《つじ》」と書かれた碑が立っている。「六道」とは、仏教の教義でいう地獄道、餓鬼《がき》道、畜生《ちくしょう》道、修羅《しゅら》道、人間道、天道の六種の世界のことで、人は死後生前の善悪の業《ごう》によって六道のいずれかにおもむくとされている。

そして、六道珍皇寺のある場所は、平安京の東の墓所であった鳥辺野《とりべの》に至る道筋に当たり、六道珍皇寺で野辺の送りをしたあと、遺体は鳥辺野へと運ばれていった。まさに「あの世」と「この世」の分岐点だったわけである。

現在でも、六道の辻は、盂蘭盆会《うらぼんえ》に死者が帰ってくる場所とされており、京都では、八月七日から十日までの四日間に、精霊（先祖の霊）を迎えるために六道珍皇寺に参詣する風習がある。また同寺の鐘は、毎年精霊を迎えるために撞《つ》かれていて、「迎え鐘」と呼ばれている。

六道珍皇寺には、本尊の薬師如来、地蔵菩薩とともに、小野篁と閻魔大王の像もある。この世での仕事はとうに終わった篁だが、冥界では、今も閻魔大王のもとで働いているのかもしれない。

平安の妖怪ハンター

源頼政、正体不明の魔物を射る！

平安時代末期の仁平《にんぴょう》年間（一一五一〜一一五四）、近衛《このえ》天皇の時代に、御所の上空に毎夜、黒い雲が渦巻き、不気味な鳴き声が響き渡っていた。その恐ろしさに近衛天皇は震えあがり、気を失ってしまうこともしばしばだった。

高僧や貴僧に命じて、大法や秘法を修めさせても効果がない。困った朝廷は、公卿《くぎょう》を集めて詮議《せんぎ》した結果、源頼政《みなもとのよりまさ》に魔物退治を命じたのだ。頼政は、当時、兵庫頭《ひょうごのかみ》を務めており、武芸に優れていた上、歌人としても多くの歌を残す平安時代の武将だった。何より彼は酒呑童子《しゅてんどうじ》という妖《あやかし》を退治したことで有名な源頼光《よりみつ》の血を引く者であった。

しかし、その頼政ですら、その使命を聞いたとき、一度は「目に見えない変化《へんげ》のもの（＝鵺《ぬえ》）を退治するなど、聞いたことがない」と辞退したという。成功すればよいが、もし失敗すれば切腹も覚悟しなければならない命令であった。

しかし、天皇からの命を拒むこともできず、結局、頼政は引き受けることになった。

いざ、退治に向かうとき、頼政は神事に使う破魔《はま》の鏑矢《かぶらや》を用意し、御所へ向かった。

魔物が現われたのは丑三《うしみ》つ時のことである。

上空が暗くなり、何者かが黒雲のなかでうごめいている気配がする。頼政は、矢を弓につがえ、「南無八幡大菩薩《なむはちまんだいぼさつ》」と念じながら矢を放った。

その直後、甲高い悲鳴が上がったかと思うと、何かがドゥと落ちてきた。すぐさま家来の猪早太《いのはやた》が落ちてきたものを押さえつけ、続けざまに刀で九度刺した。

仕留めた魔物は、体の大きさが五尺（一・五メートルあまり）ほどもあり、頭は猿、胴体は狸、尻尾は蛇、手足は虎に似ていたという。

◆二度目の魔物退治も見事に成功！

こうして見事魔物を退治し、大役を果たし終えた頼政であったが、災厄は再び訪れた。『平家物語』によると、応保《おうほう》の頃（一一六一〜一一六三）の二条天皇の時代に、再び御所の上空に魔物が現われた。このときも、退治役として頼政が選ばれた。

しかも、今度は以前の魔物に比べ狡猾《こうかつ》だった。魔物は一度「ヒヒ」と鳴いたものの、それっきりまったく鳴かないのだ。周囲は真っ暗闇で、どこに魔物がいるのかもまったくわからない。そのとき、頼政はひらめいた。まず、頼政は大鏑《かぶら》の矢を弓につがえ

射落とされた魔物を祀り、京都二条に鎮座する鵺大明神

て、さきほど声が聞こえたほうに向けて放つ。大鏑が音を立てながら上空へ飛んでいくと、その音に驚いた魔物が「ヒヒ」と鳴いた。

頼政はその一瞬を逃さず、小さな鏑矢を声がしたほうへと放った。矢は見事に命中し、魔物を射落としたのである。

頼政の魔物退治が真実だったのかどうかはわからない。しかし、京都市下京区の神明《しんめい》神社は、頼政が魔物退治に出向く際に願かけのために参詣した社とされており、毎年九月の祭礼時には、頼政が奉納したといわれる魔物退治の矢尻《やじり》が公開される。また、二条城近くの児童公園には、矢尻を洗ったという鵺池があり、その脇には鵺を祀る鵺大明神という祠《ほこら》が伝わる。

名作を生んだ童話作家

宮沢賢治が作品のなかに書き残した〝天からの啓示〟

『銀河鉄道の夜』や『セロ弾きのゴーシュ』などの名作を世に送り出した、童話作家の宮沢賢治。その作品が素晴らしいことはもちろんだが、一説には、彼の作品は単なるお話ではなく、〝未来への予言〟だったといわれている。

たとえば、『グスコーブドリの伝記』では、冷害で作物ができずに困ってしまうイーハトーヴの住人たちが登場する。

作中では、**冷害をなくすために、炭酸ガスを大量に放出することで気温を上げることに成功する**。この原理はまさに地球温暖化と同じで、賢治が生きていた時代には、このようなことはまだ科学的に解明されていなかった。

『銀河鉄道の夜』も、未来を描いた最たる例といえる。銀河鉄道に乗ったジョバンニとカムパネルラによる星々を巡る旅は、まさに宇宙旅行の世界である。当時はまだ想像だにできなかった宇宙旅行であるが、いまや人類は宇宙空間へと飛び出し、ほかの惑星への移住すらも視野に入れるまでになった。

日本の農業が衰退すること、しかもそれが一九五〇年代から二〇〇〇年までの間に起きることがはっきりとつづられているのが、『法印の孫娘』という詩である。

実際に食糧自給率が落ち始めるのは一九五〇年代のことで、一九六五年までに八十パーセントが七十パーセントに低下。さらに二〇〇〇年以降には四十パーセントにまで落ちていく。農業衰退の予言もさることながら、その時期までも明確に当てているのは驚くべき慧眼《けいがん》である。

また、『セロ弾きのゴーシュ』の主人公ゴーシュが演奏する音楽を聴いた野ネズミやウサギなどは、みな病気が治ってしまう。これは、音楽を聴くことで心身の健康をはかる現代の音楽療法を予期したものといえる。

そのほかにも、多くの予言の存在が指摘されているが、**賢治は常日頃から「自分は霊感が強い」と話しており、よく幽霊や悪霊、若くして病で世を去った妹トシの霊とも会っていたと**いう。

また、創作についても「作品はつくるものではなく降ってくるもの」と語っていた。つまりそれは、天からの啓示だったのではないか。啓示を受けた宮沢賢治は、後世の人のために、その内容を作品として残したのかもしれない。

エルサレムで十字架に架けられたはずだった

イエス・キリストの墓がなぜか青森に存在するミステリー

今から約二千年前、神の教えを広めて救世主と崇められたユダヤ人のある若者が、エルサレムのゴルゴタの丘で処刑された。それがキリスト教の祖イエス・キリストである。キリストは一度復活してのち昇天したとされるため、本来遺体は残っていないはずだが、キリスト教ではエルサレムの聖墳墓教会がキリストの墓とされ、最も重要な聖地とされている。

ところが信じられないことに、日本にキリストの墓があるという。

この世界の宗教史を揺るがす衝撃的な伝説の舞台は、青森県の新郷村《しんごうむら》(旧戸来村《へらいむら》)である。この村には、小さな盛り土に十字架が建てられた十来塚が伝わっているのだ。

これは昭和初期の宗教家・竹内巨麿《たけうちきよまろ》が、古代から伝わる『竹内文書』(↓217ページ)にキリストが日本に渡ってきた記録があるとして、同地がキリストの墓であると指摘したことに始まる伝説である。久慈力氏の『封印された日本古代史ミステリー』には、次のような由来が語られる。

古くから身分の高い人の墓とされ大切に守られてきたキリストの墓

　まず新郷村に伝わる伝説によると、**エルサレムで処刑されたのはキリストの弟のイスキリで、本物のキリストはシルクロードを経て日本へ逃れ、八戸《はちのへ》に上陸した。**キリストはここで十来太郎天空《とらいたろうてんくう》と名乗り、布教活動を始め、地元の女性と結婚して三児をもうけて青森県の旧戸来村で亡くなった。その墓が旧戸来村の十来塚だという。

　にわかには信じられない話だが、これを単なる荒唐無稽《こうとうむけい》な伝説と否定できないのは、この村にキリストとのつながりをうかがわせる風習があまりにも多く残るためだ。

　そもそも「戸来村」という名前はイスラエル人を示す「ヘブライ」に由来するといわれている。

また村には「ナニャドラヤ」という盆踊りが伝わり、その歌詞がヘブライ語によく似ていると指摘されている。村では父と母を「アダ」、「エバ」と呼ぶが、これも聖書に登場する最初の人類アダムとエバがなまったものとされる。

さらに葬儀のときにはキリスト教と同じく棺の上に十字を書くこと、**キリストの子孫とされる沢口家の家紋がダビデの星といわれる五芒星に似ている**ことなど、枚挙に暇がない。

◆キリストはどのようにして日本に上陸したのか

とはいえ、現実的には日本とイスラエルは遠い。古代にイスラエルから渡来することは可能だったのだろうか。前述の久慈力氏はその著書『封印された日本古代史ミステリー』で、この地域とイスラエルとのルート解明を試みている。

それによると、中東のイスラエルからは、ペルシア湾からアラビア海・インド洋を通り、太平洋を西から東へ流れる黒潮に乗れば八戸や津軽《つがる》の十三湊《とさみなと》にたどり着けるとして、古代からイスラエル人の入植があったと推測している。

新郷村に伝わる墓が本当にキリストの墓なのか、キリストの墓伝説は宗教史を揺るがす壮大なミステリーとして注目を集めている。

物議をかもした幻の歴史書

『竹内文書』が語る古代天皇家の謎とは

『古事記』や『日本書紀』と並ぶ、幻の歴史書があるという。それは古代よりもさらにさかのぼった時代の歴史を記述した『竹内文書』という。

竹内文書とは、五世紀から六世紀に在位していた武烈《ぶれつ》天皇が、流入する大陸の文化によって日本古来の伝統・文化が圧倒されてしまうという危機感からつくらせたという古文書である。神代文字《じんだいもじ》という、漢字とは異なる独自の象形文字で書かれた神代の記録を、漢字仮名文字に翻訳写本させた文献だ。制作したのは、景行《けいこう》天皇から仁徳《にんとく》天皇に仕えた大臣《おおおみ》・武内宿禰《たけうちのすくね》の孫に当たる平群真鳥《へぐりのまとり》。武烈天皇は彼を神代の伝統を守る聖地・越中《えっちゅう》に派遣して、皇祖皇太神宮《こうそこうたいじんぐう》の大宮司に就任させ、文書の制作にあたらせたという。

その内容は、宇宙創成から神武《じんむ》天皇以降の歴史時代までを、主に天皇の統治年代別に記した壮大な記録である。年代ごとの出来事を記した「天の巻」、世界中に秘蔵されていると見られる神宝・文書類の隠し場所を記載した「地の巻」、ノアの洪水などの天変地異の真相を明らかにした「人の巻」からなるとされているが、一般に公開されているのは「天の巻」だけである。

『竹内文書』の「天の巻」は、現在『神代の万国史』などにより概要を知ることができる。

その概要は、（一）天皇家の祖先である元始神による宇宙創成から始まり、地球誕生、神々の地球への降臨（つまり宇宙から飛来）を記した天神七代の記録。（二）天孫として地球に降臨した初代天皇から、第二十五代天皇までが、高度な科学技術で地球を統治した上古二十五代の記録。（三）地球統治がゆるやかになりつつも依然として高度な文明を維持し続けた不合朝《ふきあえずちょう》七十三代の記録。（四）不合朝最後の天皇が神武天皇として神倭《かむやまと》朝初代天皇となった時代以降の記録。

後半の内容を要約すると、約二千億年前に日本で生まれた神の子が世界各地に散らばって世界の各人種になったというものであり、**全人類は天皇家の遠い子孫で、日本こそ世界の中心だ**という途方もない話になる。

その時代、世界の中心が日本であった頃、スメラミコトは日本に住み、天地の神をつかさどる任務につき、天浮船《あめのうきぶね》というＵＦＯのような空を飛ぶ舟で世界を巡航して各地に文明を築いたと書かれている。預言者モーゼやキリスト、イスラム教のムハンマド、仏教の釈迦《しゃか》、儒教の孔子《こうし》などの預言者や聖人たちも、あくまで天皇に仕える者であり、彼らは皆、日本にやって来て修行を積んだという。

そして、世界は二度にわたって暗黒期が訪れて滅亡しており、それを再建し、神倭期を開いたのが神武天皇となっている。

以上が『竹内文書』に書かれている内容の概略だが、つまり、**宇宙からやって来た人の子孫である天皇家が地球を支配していた**という歴史が書かれているのだ。

『竹内文書』の存在が公表されたのは、明治四十四（一九一一）年のこと。平群氏の子孫である赤池大明神竹内家に継承されてきたものを、この家の養子となった竹内巨麿が発見したのである。竹内は文書を「真の歴史書」と主張し、強烈な日本中心史観が国粋主義者や一部の軍人の間でもてはやされることとなる。

しかし、あまりに途方もなさすぎる話であり、多くの研究者はこれを竹内自身が書いた偽書とみなし、デタラメとして片づけている。さらに神代文字そのものも多くの言語学者や考古学者によって否定されている。

竹内巨麿が発見したという『竹内文書』の原本は空襲で焼失してしまったが、今なお隠れた人気を誇る文書である。

【参考文献】

『義経　史実と伝説をめぐる旅』NHK出版編（NHK出版）／『ヤマモト・ミッション　山本五十六司令長官機撃墜を可能にしたもの』平塚柾緒、『真田幸村は生きていた！日本各地の「不死伝説」の謎に迫る』川口素生、『戦国武将・闇に消されたミステリー　いまだ解けない80の謎』三浦竜、『日本史怖くて不思議な出来事』中江克己（以上、PHP研究所）／『幽霊の本―血と怨念が渦巻く妖奇と因縁の事件簿』少年社編、『坂本龍馬とフリーメーソン―明治維新の礎を築いた英雄は秘密結社のエージェントだった!!』鬼塚五十一、『手紙から読み解く戦国武将意外な真実』吉本健二、『封印された日本古代史ミステリー―日本史の通説がくつがえる50の真説』久慈力、『歴史群像名城シリーズ2熊本城』太田雅男、『聖徳太子の本―日出処天子の転生と未来予言』増田秀光編、（以上、学習研究社）／『戦国武将奇聞―神仏信仰・呪術・異能力……群雄たちの知られざる真実』志村有弘編（以上、学研パブリッシング）／『思い込みの日本史に挑む』松尾光（笠間書院）／『日本伝奇伝説大事典』乾克己ほか編（角川書店）／『妄想かもしれない日本の歴史』井上章一（角川学芸出版）／『KAWADE夢ムック　文藝別冊　土方歳三　新選組の組織者〈増補新版〉』西口徹編、『キリシタン千利休―賜死事件の謎を解く』山田無庵、『スキャンダル！　日本史　歴史の舞台ウラをすっぱ抜く衝撃のスクープが続々！』武光誠、『ふくろうの本　図説秘話でよむ太平洋戦争2「ガダルカナルの死闘から玉砕・特攻、沖縄、降伏まで」篇』森山康平著　太平洋戦争研究会編、『怪異の民俗学（1）憑きもの』柳田国男著、小松和彦責任編集、『平将門魔方陣』加門七海（以上、河出書房新社）／『宮沢賢治幻想紀行』畑山博ほか編著（求龍堂）／『京から奥州へ　義経伝説をゆく』京都新聞出版センター編（京都新聞出版センター）／『戦国武将の都市伝説』『大江戸怪奇事件ファイル』以上、並木伸一郎（以上、経済界）／『偽史と奇書の日本史』佐伯修、『魔界と妖界の日本史』上島敏昭（以上、現代書館）／『九代将軍は女だった！　平成になって覆された江戸の歴史』古川愛哲、『知られざる源氏物語』西村亨、『週刊世界百不思議№6　呪術で読み解く諸葛孔明「魔法の書」』『週刊世界百不思議№16　幻の聖人・聖徳太子』『週刊世界百不思議№20　臨死体験で見た風景いろいろ』『週刊世界百不思議№22　ムー大陸はあった！　なんと日本の与那国に!!』『週刊世界百不思議№23〝鎧の処女〟ジャンヌ・ダルク―真伝：宗教の壁を超えたスーパー聖人』『週刊世界百不思議№25「エクソシストの時代」が始まった！』『週刊世界百不思議№26　恐竜絶滅の原因は卵の〝真菌〟にあった!?』『週刊世界百不思議№33　万葉集「言霊は祟る！」』『週刊世界百不思議№39　イエス・キリスト最大の奇跡「聖骸布」驚愕の真相』以上、菅家洋也編（以上、講談社）／『秀頼脱出―豊臣秀頼は九州で生存した』前川和彦（国書刊行会）／『追跡・M資金―東京湾金塊引揚げ事件』安田雅企（三一書房）／『学校では習わない　愛と夜の日本史スキャンダル』堀江宏樹（実業之日本社）／『裏・義経本』城島明彦（主婦の友社）／『各地に残るミステリーゾーン　怪異日本史』桜井徳太郎監修（主婦と生活社）／『小栗忠順のすべて』村上泰賢編、『石田三成とその子孫』白川亨、『鳥取県謎解き散歩』日置粂左ヱ門（以上、新人物往来社）／『徳川将軍家十五代のカルテ』篠田達明、『明治天皇　上巻』ドナルド・キーン著、角地幸男訳（以上、新潮社）／『「竹内文書」の謎を解く―封印された超古代史』布施泰和（成甲書房）／『名城の謎と怪奇　不思議・伝説の城めぐり』早乙女貢ほか（大陸書房）／『戦国「闇」の歴史―影武者・不死伝説―』川口素生（宝島社）／『日本の埋蔵金１００話』八重野充弘（立風書房）／『後藤又兵衛　大坂の陣で散った戦国武将』福田千鶴（中央公論新社）／『イラスト図解　フリーメイソン　近現代史を動かし続ける友愛団体の真実』日本博識研究所（日東書院）／『キスカ戦記』キスカ会編（原書房）／『作者は誰か『奥の細道』―江戸俳壇の影』藤本泉（パンリサーチインスティテュート）／『妖の日本史―御霊伝説の謎を解く』三谷茉沙夫（評伝社）／『日本トンデモ人物伝』原田実（文芸社）／『日本奇談逸話伝説大事典』志村有弘ほか編（勉誠社）／『日本ミステリアス　妖怪・怪奇・妖人事典』、志村有弘編、『平家物語の旅　源平時代を歩く』志村有弘（以上、勉誠出版）／『ミネルヴァ日本評伝選　北条政子―母が嘆きは浅からぬことに候―』関幸彦（ミネルヴァ書房）／『消えた戦国武将　帰雲城と内ヶ嶋氏理』加来耕三（メディアファクトリー）／『遊子館歴史選書３　天皇家の誕生―帝と女帝の系譜』井上辰雄（遊子館）／『新選組記念館青木繁男　調べ・知り・聞いた秘話を語る！　新選組おもしろばなし百話』青木繁男著、ユニプラン編集部編（ユニプラン）／『戦国史が面白くなる「戦国武将」の秘密』渡邊大門（洋泉社）／『歴史文化ライブラリー99　北条政子　尼将軍の時代』野村育世、『近畿の名城を歩く　滋賀・京都・奈良編』仁木宏ほか編、『歴史の旅　壬申の乱を歩く』倉本一宏、『歴史文化ライブラリー２３７　跋扈する怨霊　祟りと鎮魂の日本史』山田雄司（以上、吉川弘文館）／『江戸「うつろ舟」ミステリー』加門正二（楽工社）

【参考サイト】

鎧神社、高知市春野郷土資料館、高知城、産経ＷＥＳＴ、四国八十八ヶ所霊場会、宗吾霊堂、新郷村、江戸総鎮守神田明神、奈良女子大学学術情報センター、天台宗青蓮院門跡、飛騨福来心理学研究所、幕末維新ミュージアム「霊山歴史館」、蓮華王院三十三間堂大椿山、六道珍皇寺

本書は、本文庫のために書き下ろされたものです。

日《に》本《ほん》史《し》ミステリー

著者　博学面白倶楽部（はくがくおもしろくらぶ）
発行者　押鐘太陽
発行所　株式会社三笠書房

〒102-0072 東京都千代田区飯田橋3-3-1
電話　03-5226-5734（営業部）03-5226-5731（編集部）
http://www.mikasashobo.co.jp

印刷　誠宏印刷
製本　ナショナル製本

ISBN978-4-8379-6827-6 C0130

王様文庫

王様文庫

世界の名画 仕掛けられたメッセージ

博学面白倶楽部

ボッティチェリの「ヴィーナスの誕生」、ムンクの「叫び」、ダ・ヴィンチの「モナ・リザ」、葛飾北斎の「冨嶽三十六景」など、大傑作38点収録！ 秘密、狂気、愛憎……誰もが知る「あの名画」に隠された驚きのドラマとは？ 絵画の見方が変わる〝裏〟案内！！

本当は怖い世界史

堀江宏樹

愛憎・欲望・権力・迷信……こうして、歴史は動いてしまう。●処女王・エリザベス1世の夢は、夜遅くひらく●ガンジーが偉人であり続けるために〝隠していた秘密〟●ナポレオンもヒトラーも狂わされた「聖遺物」の真実――人間の本質は、いつの時代も変わらない！

眠れないほどおもしろい「古代史」の謎

並木伸一郎

なぜ、その「史実」は封印されたのか？ 古代史に残された「大いなるミステリー」に迫る本！天孫降臨、卑弥呼、箸墓古墳、古史古伝、仁徳天皇陵、神代文字……「神話」と「歴史」がリンクする瞬間とは――！ 読み始めたらやめられない、知的でスリリングなおもしろさ！

K30420